农业供给侧改革背景下的有效供给与农产品竞争力

王 磊 ◎ 著

九州出版社
JIUZHOUPRESS

图书在版编目（CIP）数据

农业供给侧改革背景下的有效供给与农产品竞争力 /
王磊著 . -- 北京 : 九州出版社 , 2018.8
ISBN 978-7-5108-7692-9

Ⅰ . ①农… Ⅱ . ①王… Ⅲ . ①农产品—市场竞争—研
究—安徽 Ⅳ . ① F327.54

中国版本图书馆 CIP 数据核字 (2018) 第 286087 号

农业供给侧改革背景下的有效供给与农产品竞争力

作　　者 : 王　磊　著
出版发行 : 九州出版社
地　　址 : 北京市西城区阜外大街甲 35 号 (100037)
发行电话 : (010)68992190/3/5/6
网　　址 : www.jiuzhoupress.com
电子信箱 : jiuzhou@jiuzhoupress.com
印　　刷 : 廊坊市国彩印刷有限公司
开　　本 : 710 毫米 ×1000 毫米 16 开
印　　张 : 9.75
字　　数 : 180 千字
版　　次 : 2019 年 1 月第 1 版
印　　次 : 2019 年 1 月第 1 次印刷
书　　号 : ISBN 978-7-5108-7692-9
定　　价 : 48.00 元

前　言

2015 年，国家提出经济供给结构性改革，即供给侧结构性改革。2017 年 10 月 18 日，习近平主席在十九大报告中指出，要深化供给侧结构性改革。由此可见党和政府对供给侧改革的重视程度以及供给侧改革的重要地位。供给侧改革，涉及劳动力、土地、资本、制度创造、创新等要素，旨在通过改革推进结构调整、矫正要素配置扭曲、扩大有效供给、提高供给结构对需求变化的适应性和灵活性，从而实现资源配置的最优化，提高全要素生产率，以期更好地满足广大人民群众的需要，促进经济社会的持续健康发展。

这几年来，国家在各大行业和领域都进行了供给侧改革，其中，农业供给侧改革也是重点之一。农业供给侧改革的核心是指通过对农业结构的调整，让农民生产出的产品的质量和数量符合消费者的需求，从而实现产地与消费地的无缝对接。在农业供给侧改革的背景下，农产品的竞争力大大提高，农业发展又上了一个新台阶，出现农业 3.0 模式，农民也进入农业 3.0 时代。毋庸置疑，经济新常态下，受"互联网 +"等时代因素的影响，农业的生产模式和销售模式必定会不断更新，但农业发展和农产品竞争力始终受到有效供给的影响和制约，这也是不争的事实。只有供需平衡，才能实现资源配置最优化。

本书基于农业供给侧改革的背景，以安徽省为例，对有效供给与农产品的竞争力进行深入分析和探讨，对改革过程中农业的模式和农产品的形式进行阐述，对农产品有效供给生态系统的组成要素与框架构建进行研究，旨在提升农产品的竞争力，使供给侧改革在农业生产中发挥最大的效用。

本书在写作过程中，参考了一些文献，在此，对相关参考文献的作者表示真诚的感谢。由于本书在有限的时间内写成，难免存在不尽如人意之处，还请读者诸君与同行们多多批评指正，也欢迎大家对本书提出宝贵的意见和建议。

目录

第一章 安徽省农业供给侧改革的关键与难点

第一节 安徽省的农业发展现状

一、安徽省农业整体概况

安徽省位于我国东部，为内陆省份，与浙江、江苏、山东、河南、湖北和江西六省相接，长江和淮河自西向东横贯全境，将全省分为淮北、江淮和江南三大自然区。地处暖温带与亚热带过渡地区，气候温暖湿润，四季分明，气候条件分布差异明显，天气多变，降水年际变化大，常有旱涝等自然灾害发生。

安徽省的地貌以平原、丘陵和低山为主，南北长约570公里，东西宽约450公里，总面积约13.96万平方公里，约占全国总面积的1.45%，居华东第3位、全国第22位。安徽是农业大省，也是中国农村改革的发源地，乡村人口占总人口的61.3%。耕地422万公顷，林地329万公顷，水面105万公顷，是我国重要的农业生产基地之一，农业经济在全国位居第9位。粮食作物以小麦、水稻为主，豆类、玉米、高粱、甘薯等次之；经济作物主要有棉花、油菜籽、烤烟、茶叶、蚕茧、黄红麻等。全年粮食、油料、淡水水产品等农作物产量，在全国排名中都保持重要名次，可以说农业是安徽省国民经济的基础产业。

安徽省的农产品不仅品种众多而且产量可观（图1-1）。丰富的农产品资源不仅满足省内需求，而且在国内、外市场上都占有一定的份额，一些特色农产品在国际市场上很受消费者的欢迎。

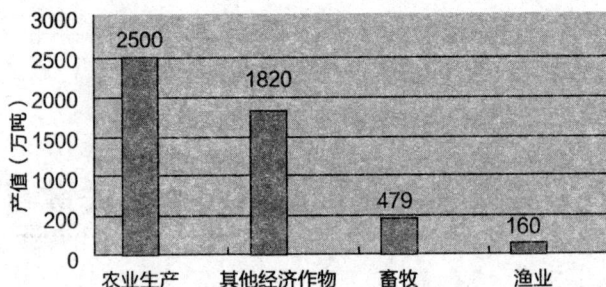

图 1-1　安徽省各类农产品产值

安徽省油料产量、肉类产量和水产品产量的增幅最大（图 1-2）。

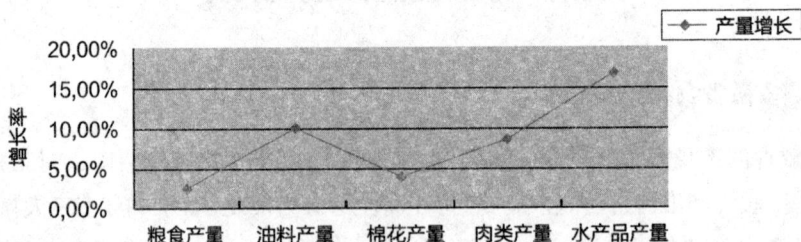

图 1-2　安徽省农业产值递增量

安徽省种植业产值占比最大，其次是畜牧业、渔业和林业（图 1-3）。

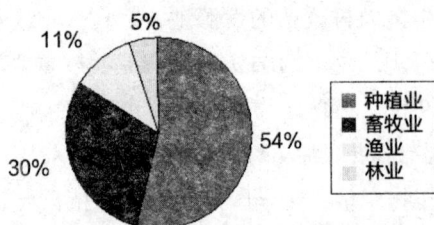

图 1-3　安徽省农产品产值之比

二、安徽省农业生态化发展现状

（一）生态农业发展规模指标

生态农业发展规模指标反映的是一定时期内某地区生态农业发展规模情况，主要包含发展面积、参与从业人数等具体指标。它是从整体上和宏观层面来考察生态农业的发展水平，规模增大、参与的人口增加，是生态农业发展水平提高的最基本表现，也是最基本的要求。

表 1-1　近几年安徽省生态农业发展规模情况

名称 ＼ 年份	1989	1999	2005	2012
试点数（个）	50	100	150	250
试点面积（万公顷）	38	90	150	240
涉及人口（万人）	100	320	500	600
生态示范县（个）	0	7	14	14

数据来源：安徽省农业委员会；安徽农网

从表 1-1 可以得出以下结论：

1. 从 20 世纪 80 年代末到 2012 年，安徽省生态农业试点数从 50 个上升到 250 个，近 20 年间增加了 4 倍。其中，20 世纪增速较慢，以平均每年 5 个新增试点的速度增加，进入 21 世纪后增速逐渐加快，近几年平均每年新增生态农业试点达十几个。这表明安徽省建设生态农业的地区逐渐增多，生态农业正在发展壮大。

2. 生态农业试点面积逐渐扩大，从 1989 年的 38 万公顷到 2012 年的 240 万公顷，20 年来增加了 5 倍，代表着安徽省生态农业发展覆盖面的扩展。生态农业试点的受益涉及人口代表着发展生态农业试点涉及的农村人口覆盖面及农村人口参与度，一定程度上代表着生态农业的发展深度及广度。

3. 生态示范县是国家或者本省根据申报县的生态农业综合发展实力成果给予的肯定，生态示范县数量增加，一定程度上代表着生态农业发展水平的提高。截至 2017 年，安徽省已经建成现代生态农业产业化示范市 5 个、示范县（市、区）30 个、示范区 100 个、示范主体 1500 个，构建成"示范主体小循环、示范区中循环、示范县域大循环"的现代生态农业产业化发展体系，基本形成具有安徽特色的现代生态农业产业化发展机制，在安徽省乃至全国的生态农业发展中都起到了模范作用。

由此看来，从 20 世纪 80 年代安徽省开始发展生态农业后，30 多年来的总体发展规模是有很大提高的，在数量、覆盖面和涉及人口数等都有较大的扩展。在一些生态农业示范点或者示范园区，越来越多的当地特色生态农作物被开发培育，如各地生态试点范围内的蔬菜、水果种植以及广德等地的特色茶叶、桑麻种植等，生态农作物的品种越来越多，覆盖面积范围越来越广。而且，生态农业的前期发展带动了越来越多的农业企业投入到生态农业农产品的加工、销售中，与农作物种植业、生态渔业等形成了完整的生态农业产业链。

（二）生态农业发展的经济效益指标

生态农业的经济效益指标主要在经济层面反映了生态农业的发展水平。生态农业的经济效益要求客观上需要在生态农业发展中仍然把经济利益放在一个重要的位置，提高农业技术水平以尽量低的资源消耗获得更多的农产品，同时增强生态农业的产业化程度，加强与其他农副产业以及加工业、服务业的产业链联系，提高生态农业系统的整体发展水平。

1. 生态农产品生产情况

随着经济的发展和人们生活水平的提高，人们对农产品的需求不仅体现在需求数量的增加上，同时更多地体现在对生活质量提高的需求上，即要求所消费农产品的质量大大提高，减少农产品中所含的化学添加，保持农产品的原生态。所以生态农业的建设要求农业发展过程中尽量减少农药和化肥的使用，提高土壤自身的肥力，减少环境污染。这不仅是对生态环境的保护，也是对广大农产品消费者需求的贴合。在生态农产品的加工销售中，绿色食品、有机产品和无公害农产品加工业是目前生态农产品的主要代表。

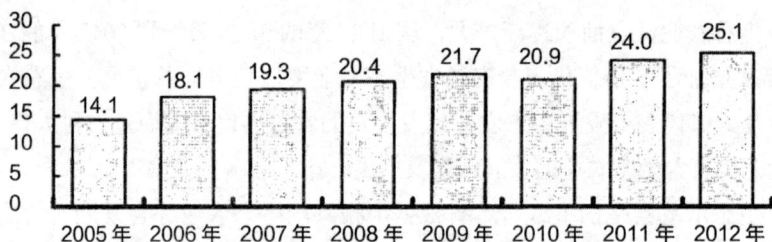

图 1-4　近年来安徽省生态农产品占比（图片来源于网络）

表 1-2　2011、2012 年安徽省生态农产品发展情况

名称 ＼ 年份	2011	2012
生态农产品个数（个）	1363	1615
基地面积（千公顷）	628.2	635.7
增长率 %	18.5	1.2

资料来源：安徽省统计局，统计信息。

　　由图 1-4 和表 1-2 可得，近年来安徽省的生态农产品在农产品总量的占比持续增加，产值也迅速提高。2014 年上半年省内特色农产品深加工业发展迅速，出口创汇近 6 亿美元，同比增长 9%，高于全省出口增幅 1.2 个百分点。

　　这表明目前安徽省农产品加工业已相对走上生态、高效、安全的可持续发展之路，消费者对农业消费品的质量要求客观上促使农产品加工企业为了获得生态产品的更高经济效益，占有更大的生态产品市场份额。生态农产品总量的占比在增加，但是整体比重相比东部发达地区如江苏省的 40% 左右还差距较大，更是远远低于国外发达国家平均水平，这种现象直接说明还要投入更多的技术和资金来发展生态相关产品生产，增加生态农产品份额。

表 1-3　近几年安徽省生态林面积与森林旅游业发展情况

年份 名称	2000	2005	2010	2012
生态林面积（万公顷）	5.66	8.04	11.15	13.53
森林旅游业收入（亿元）	3.7	10	44.6	170

数据来源：安徽省统计年鉴 2013。

　　由表 1-3 可知，安徽省 2012 年生态林面积已达 13.53 万公顷，森林覆盖率大大增加，发展生态林业带来的附加服务业产值持续增长，如 2012 年森林旅游业收入达 170 亿元，接待游客近千万人次，带动其他旅游相关产业的产值达 1000 多亿元。这表明生态农业产业经济辐射能力已经开始显现，发展空间提升。

　　2. 农业资源利用情况

表 1-4　近几年安徽省主要农业资源利用情况

年份 名称	2000	2005	2010	2012
能源利用率（%）	7	10	42.6	45.4
能源转换回收率（%）	64.42	65.58	65.87	65.24
清洁能源占比（%）	0.7	2	4	7
人均能源消费量（千克）	72.638	80.135	125.966	141.131
农村沼气用户数（万户）	12.22	31.94	75.26	82.99
沼气总气量（万立方米）	4824	9076	22334	25068

资料来源：安徽省统计年鉴 2013。

生态农业要求在农业经济发展中将资源的有效利用与生态保护相结合,以较低的资源投入带来较高的农业产出。较少能源资源的投入,既能降低资源消耗,保持资源的多样性,又能减少煤炭等污染性资源带来的环境污染,维持农业生态系统的稳定。资源能源的有效利用也是生态农业的主要内涵和发展程度标志之一。

(1)能源利用率是指能源总量中可有效利用部分数值与能源总量的比值。在农业经济生产中,农业经济发展水平保持稳定的话,农业能源利用率越高,取得同样的经济增长量所需投入的农业能源就越少,越容易节约农业资源、保护生态环境。中国目前的能源利用率约为40%,平均比发达国家低10个百分点。能源转换回收率是能源循环再利用的标志之一,同样可以减少资源浪费和环境污染。由表1-4可知,2000—2012年这十几年间,安徽省的农业能源利用率从百分之几跨越式提高到百分之四十几,能源转换回收率也一直保持在60%以上,实现了农业资源的高效利用,体现了生态农业的发展意义。

(2)清洁能源使用量占比是指水电、天然气、太阳能等清洁能源在农业经济发展的投入中占能源总量中的比重,清洁能源占比越高,表示农业生产中投入的能源结构越好,生产出的农产品也越符合生态农业的要求。

(3)农业人均能源消费量是指投入到农业生产中的能源量与参与农业生产人数的比值。人均能源消费量越高,代表农业从业人员所消耗的资源量越高。

(4)农村地区发展沼气能源不仅是对煤炭等污染性资源的有效代替,也是种植业秸秆等废物的有效利用,避免了燃烧秸秆等带来的环境污染。沼气循环是目前农村地区能源循环利用的主要标志,对发展生态农业具有重要意义。

除此之外,2013年,安徽省节水灌溉面积增加至82.7万公顷,比2011年增加了78万公顷,水资源利用率大幅度提高。但与中部其他省份相比,目前有效灌溉面积仅占全部耕地面积的60%左右,中部六省中排名仅为第四,技术水平较低。

由以上内容可以看出,安徽省近年来的农业资源投入方面,资源的利用率和转换率均有所提高,农业生产中清洁能源的使用比重也相对提高了,秸秆综合利用率较往年提高到53%,农村资源中沼气的利用率和覆盖面逐渐扩大,分别提高到5~6倍,表明安徽省农业生产方式已经从粗放型资源消耗型生产逐渐走向高效、生态的生态农业发展方向。

但是目前的农业生产中,资源消耗总量还是在缓慢增加的,农业人均资源消耗量并没有降低,说明目前的农业发展结构还没有十分完善,对农业资源还保持着一定的依赖性,生态农业发展程度还不十分深入全面。

（三）生态农业发展的生态环境指标

生态环境效益是生态农业不同于传统农业或现代工业农业的主要标志和重要目标之一，它是为了将农业生产发展与生态环境保护相统一、维持农业生态系统的平衡而提出来的。化肥、农药等化学制品的过度使用，不仅导致了农作物害虫的抗性、破坏了土壤本身的肥力造成土壤板结肥力流失，也造成了土壤、水资源和大气资源的严重污染，更会扩散到农村环境中去对农村居民的生存和发展造成严重威胁。生态农业的发展要求在发展农业经济时尽量减少农药、化肥等化学品的投入，减少生态污染，保持和维护农业生态系统健康稳定。

表 1-5 近几年安徽省农业发展主要生态指标情况

名称 \ 年份	2000	2005	2010	2012
化肥施用量（万吨）	253.15	285.67	319.77	333.53
农药使用量（万吨）	7.56	9.48	11.66	11.78
塑料薄膜使用量（万吨）	5.81	7.83	8.07	9.12
病虫害防治率（%）	74.1	80.44	84.48	81.12

资料来源：安徽省统计年鉴 2013。

由表 1-5 可看出，虽然近年来安徽省农业发展中的农药、化肥等生产要素投入量仍在增加，但是相比 2000 年至 2005 年，近几年的增长速度已经大大减缓。病虫害防治率也保持在 80% 以上。

另外，从安徽省生态环境保护规划了解到，截至 2012 年，安徽省已在全省十几个市区及县区范围内建立了近 60 个清洁工程示范村，处理生活废水每年近 18 万吨，处理固体垃圾 4300 多吨，农业污染物排放量近年来总体降低了近 70%，农药化肥利用率也均有所提高。

然而，目前安徽省的农药利用率仍仅 30% 左右，化肥利用率将近 35%，农村地区每年产出的秸秆，纵然是大量用作清洁能源——沼气的生产，综合利用率仍然仅仅超过 50%。因此，如何提高资源利用率，减少化肥农药的流失，降低环境污染，这在安徽省生态农业发展中仍是个巨大的挑战。

综合以上的指标分析可以看出，作为最早的国家级生态农业示范县的所在省，30 多年来安徽省的生态农业发展还是取得了比较大的成就：从整体上来看，无论是从业人数，还是发展地区个数、发展面积、涉及农户数，抑或是生态农业发展的农作物品种和数量、相关生态农业企业规模等，都比发展初期有了较大的增长；从它的经济效益来看，不仅在发展期间开发了大量的高质量生态农产品提供给消费者，从而增加了经济利益，提高了人们的生活消费水平，也在一定程度上促进了安徽省农业发展的结构优化，促进了资源的有效利用，从而促进农业经济发展和农村地区生活水平的提高；从生态环境上看，生态农业发展方式极大地减少了农村地区的环境污染。生态林业和生态养殖与种植业之间的物质循环，促进了生态农业大产业链内部各要素之间的相辅相成、更好地整合发展。

三、安徽省农业信息化发展的现状

目前，安徽省农业信息化建设正朝着先进适用、稳定可靠、贴近农民、进村入户的目标迈进。安徽省农村信息化工作启动于 20 世纪 80 年代初，中科院合肥智能所研发了国内首个农业专家系统，并得到成功应用，使安徽省成为农业信息技术研究应用最早的省份之一。

2000 年，安徽省在全国率先实施"信息入乡"工程，2003 年安徽省政府启动实施"数字安徽"建设，2008 年安徽省启动全国首批星火科技 12396 信息服务试点省建设，2009 年安徽省政府积极组织申报全国新农村信息化科技"示范省"。2012 年，科技部将安徽省列为全国七个"国家农村信息化示范省"之一。阜阳、芜湖市被列为首批国家农村信息化综合信息服务试点，其模式被国家有关部委作为典型向全国推广。舒城、宁国被批准为国家级县域经济信息化试点县。省新农村"千村百镇"信息化试点示范任务基本完成，省经信委、省农委投入 800 多万元，重点选择了 102 个乡（镇）、312 个村开展试点工作，带动了周边地区和农户开展信息化服务，示范辐射效应正在显现。

（一）农村地区信息基础设施体系日趋完善

通信宽带光缆及配套的营业服务网点已实现乡（镇）和行政村全覆盖，提前完成基础通信"普遍服务"目标。数字广播和有线电视网络建设取得新进展，广播和电视农村人口综合覆盖率均超过 95%。

（二）农业信息服务网络初具规模

以"安徽农业信息网""安徽农网""安徽党员干部先锋在线网""安徽星火科技"四大门户为基础，搭建了一个跨部门、跨地区、跨行业、多层次、分布式的省级农业综合信息服务信息平台。该平台建有丰富的综合信息数据仓库，包括农业生产、农业标准、病虫草害、农产品市场、土壤、气象、水情、农村经济、农村能源、人口与劳动力资源、党员远程教育等，汇聚了部门网站、电子政务、电子商务、远程教育、广播电视、电话语音、手机短信等多种媒体和传播手段，拥有农业科技热线、农业信息查询、远程视频诊断、技术推广、农业灾害预警、远程教育、村务公开等多项功能。以乡（镇）村信息员等与信息通信网络相结合的信息传播手段为通道，农村综合信息服务站点和农民专业合作社组织、大户示范点、各类协会为信息获取终端，自上而下的农村综合信息服务体系，承载着各部门涉农综合信息向基层延伸的重要功能。建设完善"安徽农业信息网"网站群，与上对应农业部中国农业信息网，横向联系各省农业信息网和各职能部门，纵向延伸到17个市、105个县（区）和广大的乡镇、村以及相关涉农企业，实行全省农业信息三级平台、四级发布的网站管理模式。省农委还筹集100多万元资金，新建面积150平方米的省级农业信息机房，优化了网络环境，为全省农业信息化发展创造宽松环境。

（三）建立基层信息服务体系

1. 市、县科技、农业、气象等涉农部门成立了信息服务机构（中心）。

2. 全省乡镇拥有省级认证的农村信息员5000多名，初步形成了一支覆盖全省的农村信息工作队伍。

3. 大部分乡村建有便民服务机构。全省93.3%的乡镇建立了便民服务中心，78.9%的行政村有了便民服务代办点，这些便民服务机构成为乡村综合信息服务站服务基层的有力保障。

4. 农村信息服务手段不断拓展。"星火科技12396"和"12316"等信息服务热线，组织农技专家2000多名，向农户提供在线农技知识服务。开展通过广播、电视、报刊、电话、短信等方式使信息进村、入户、到企的活动，大大提高了安徽农网信息的覆盖面。

（四）各类涉农信息服务试点效果良好

通过近年来的示范试点，安徽省农村信息化工作初步勾勒了一个基层站点布局的图景。

1. 全省所有乡镇全部完成综合信息服务站建设。乡镇信息员业务管理系统投入运行，全面开展网上电子政务、应急管理、政务公开等工作。

2. 全省完成了50个行政村信息化示范点建设工作。在肥西、铜陵、绩溪、定远和黄山区50个行政村全部配备电脑、星火科技自助终端等设备，运行反映良好。同时，分别在5个县（区）选择1~2个行政村配备星火科技语音播报终端，并延伸至自然村；选择1~2个专业协会或农村合作经济组织，配备星火科技智能信息机，延伸至农户，以发挥农户现有家用电视机、手机、有线电话的功能，应用服务效果良好。

3. 全面开展农村网页工程建设活动。全省13000多个行政村建成村级网页和村级门户网站,在新农村建设、党务公开、市场信息发布、防灾减灾、气象预警和服务"三农"等方面发挥了重要作用。结合自身业务开展了"星火科技""万村千乡""文化下乡"等涉农信息服务试点工作,均取得良好效果。

(五)开发促进农村信息化的服务系统

经过近年来组织的技术攻关活动,研发应用了一系列促进农村信息化的服务系统。中科院合肥智能所开发了国内首个农业专业搜索引擎"中国搜农"并得到广泛应用。安徽农业大学开发了作物病虫害预测、作物病虫害诊断与防治、畜禽疾病诊断防治等专家系统,并进行了大面积的推广应用。"安徽农网"开发了基于4G手机访问的"农网""专家诊断""远程培训""农村电子商务"等应用系统,可使信息服务传送到每一个使用手机的用户。安徽"星火网"研发了"县乡村电子政务信息系统",在全省多个县(区)开通使用。安徽山立公司开发出全程代理服务系统,并得到有效应用。

合肥工业大学、安徽省农科院等研制了水稻主要病虫害诊治专家系统、稻纵卷叶螟管理专家系统等。建成了集农情、灾情、行情等信息的收集、传递、加工和发布于一体的省级农情调度管理平台,实现了部、省、市三级联网,极大地方便了全省农情信息的沟通,保证农情信息报送的及时性、准确性,累计发布各类农情信息已达上千万条次。

(六)农民专业合作社信息化工程进展顺利

农民专业合作社信息化建设工程,建立了全国首家省级农民专业合作社网,为合作社建立了个性化专业信息平台,建立了合作社信息员队伍,进行专门培训,统一配置电脑等硬件设备,统一采集信息、注册会员已达一千多个,是全国最大的农业网站群,被评为2009年度第六届中国农业百强网站。

(七)建成农业物联网项目

2011年11月,安徽省委、省政府成立了省农业物联网发展工作领导小组,确定了涡阳、黄山区等10个县为重点示范县,全面推进农业物联网建设工作。2012年,安徽省被列为全国农业物联网试点省,在全国率先启动了首批13个试验示范县和50个示范点建设。而在建设资金方面,在2011年省级财政安排的2000万元专项资金基础上,从2012年起,每年新增农业物联网工程项目资金500万元。目前,全省小麦"四情"监测系统(一期)、省农业生产指挥调度平台及全椒县、长丰县、黄山区农业物联网项目已建成。在宣城,由安徽移动承建的国家重点龙头企业华卫集团禽类农业物联网建设项目,通过无线传感与EAS系统的数据连接为鸡舍建立起温湿度等自动控制系统。养殖户只要通过手机就能观察掌握鸡舍内的情况,一键操作即可实现投料、控温、开关灯等功能。从传统养殖模式转变为自动化、智能化的系统控制，能够帮助养殖户在人力不变的情况下扩大生产规模，生产效率和单位收益均可提高一倍以上。在安徽亳州，安徽移动承建的利辛县浩翔农牧有限公司物联网项目更是实现了信息化手段助力企业科学养殖，客户可使用 4G 手机对智能农业大棚进行开启通风、自动喷淋等操作。

　　除上述外，省农委牵头有关部门研发的农业 GIS 信息系统、农情综合信息监测系统、动植物疫情信息监测预警系统等，推广普及农业生产及管理各个领域，为发展"智能农业"创造了条件。水利部门完成了全省防汛抗旱支持系统和国家防汛抗旱指挥系统工程项目，进一步提高水旱灾害信息采集、传输、处理的时效性和准确性，增强了防汛抗旱指挥决策的科学性。省司法系统推广村居法治信息化公共服务平台，涵盖了社区矫正、安置帮教、人民调解和基层法律服务等司法行政基层各项业务工作，利用信息化手段引导老百姓依法表达诉求、依法维权。省计生系统启动农村地区"人口和计划生育综合服务系统"建设，为广大农民提供人口计生健康服务、医疗保健服务等综合信息服务。省财政厅完成财政补贴农民资金信息管理"一卡通"系统，促进财政补贴农民资金管理和支付方式的改革，实现了财政补贴农民资金管理工作的公开、公平、公正。省委组织部、省文化厅采取共建共享的方式，合并建设"党员远教"站点与文化信息资源站点，既节省投资，又提升功能。省农委、省科技厅、省气象局等部门对重要的涉农信息资源进行分类整合，强化信息的集成与共享，实现了"一次鼠标点击，多条信息获取"，方便了农民使用。"三电合一"试点项目建成了以电话语音系统为核心，结合计算机网络、广播电视媒体等多渠道的信息采集、整理、发布系统，为农民群众提供了多方面的信息服务。

第二节　农业供给侧改革的关键

一、农业供给侧改革

（一）农业供给侧改革的概念、目标与内容

习近平总书记在 2015 年年底中央财经领导小组会议上首次提出"供给侧结构性改革"，强调通过改革创新、提高效率和产品竞争力来促进经济增长。随后召开的中央农村工作会议做出了"农业供给侧结构性改革"的决定，并在 2016 年以中央"一号文件"形式再次明确了这一任务，2017 年中央"一号文件"对此又做了更为详细的规划和指导。这是供给侧结构性改革在农业领域的贯彻，凸显了国家从政策层面深入推进农业领域供给侧改革的决心。

对于农业供给侧改革，虽然没有明确的概念界定，但仍然能从政策背景及相关研究中提炼其基本内涵。2015 年，中央农村工作会议认为，农业现代化仍然是我国现代化的"短板"，指出农业供给侧改革的方向是"一去、一降、一补"（去产能、降成本、补短板），目标是提高供给体系的质量和效率。也就是说，农业供给侧改革是从农产品供给端入手，重组和优化农业生产要素的配置，调整农产品生产，从而激活供给主体活力，提升农业供给质量和竞争力。农业供给侧改革是涉及多元素、多组合的一种关联性系统结构，既涉及产品形成与要素供给，又包含制度安排。根据政策精神，农业供给侧改革，就是针对现阶段我国农业供给与需求不匹配、不平衡、产业链条短、产品质量低、农业生产低效率的背景，对主要矛盾方的供给侧进行调整，特别是用改革的办法调整供给结构、矫正市场配置中的要素扭曲现象，提升生产效率和供给质量，提升农业竞争力，从而更好地满足群众对高品质农产品的需要，为我国全面实现现代化做出贡献。

农业供给侧结构性改革的目标是提高农业供给体系的质量和效率，使农产品供给品种和质量与消费者消费需求相契合，形成结构合理的农产品有效供给。2016 年中央"一号文件"进一步将改革目标表述为："在确保谷物自给和口粮绝对安全的前提下，形成与市场需求相适应的现代农业生产结构和区域布局。"这意味着农业供给侧改革要以提高农业效益、增加农民收入为目的，实现"保供给、调结构、提品质、促融合"的改革目标。可见，我国农业供给侧改革的关键是实现供给结构合理，重点强调质量和效率提升。其目标可概括为：在资源和要素重新配置的基础上，

调整农业产业结构以实现农产品生产的高效率，保证农产品供应的高质量以及在此基础上的高市场竞争力。

农业供给侧改革的内容包括三个方面：一是农业产业内部结构改革，如调整种植业与养殖业结构以及种植业内部和养殖业内部结构。例如，在种植业内部玉米和棉花库存非常高，而大豆等作物则大量依赖进口，应通过结构调整进行资源重新分配。二是对传统农业的改造。舒尔茨在《改造传统农业》一书中认为传统农业的改造包括要素投入和农业技术革新两个方面。要素的投入，即与农业相关的资本、劳动、土地等要素的增加。农业技术的革新指通过技术变革来提升农业的效率，这是改造传统农业的核心和根本。三是与农业相关的制度安排。主要包括土地流转制度、粮食补贴制度、粮食定价机制及国家对农业产业的扶持政策、产业规划等。

（二）农业供给侧改革的现实意义

"十三五"时期，农业发展正处于重要的转型期，需要应对的挑战也日益增多。农业转型发展面临的挑战主要表现在供给侧结构性矛盾依然突出。

1. **农产品供需结构性失衡**

当前，粮食呈现生产量、进口量、库存量"三量齐增"现象。国内粮食供求关系发生阶段性重要变化，部分品种出现结构性过剩。从大宗农产品看，突出的现象是大豆缺、玉米多。2014 年和 2015 年我国大豆进口分别高达 7140 万吨和 8169 万吨，占当年粮食进口的 65% 以上。与此同时，玉米库存积压较为严重。从品质结构看，普通品质的农产品市场供给充裕，优质高端品牌的农产品较为紧缺。新形势下农业主要矛盾已经由总量不足转变为结构性矛盾，主要表现为阶段性的供过于求和供给不足并存。

2. **农业资源环境约束日益趋紧**

农业生态环境恶化趋势还没有得到有效遏制，化肥农药过量施用、畜禽粪污排放、农膜等废弃物残留，造成严重的农业面源污染；资源开发强度过大，生态环境严重受损，承载能力越来越接近极限。

"十三五"时期，面对种种制约、困难和挑战，必须坚持用发展新理念破解"三农"新难题，把推进农业供给侧结构性改革、提高农业综合效益和竞争力，作为当前和今后一个时期我国农业政策改革和完善的主要方向。不仅要在保障农产品数量上做文章，更要在改善结构、提高质量效益上下工夫。要加快转变农业资源利用方式，从过度开发粗放经营转到节约集约利用与保护修复并重，推动农业资源永续利用。要提高农业供给体系质量和效率，使农产品供给数量充足、品种和质量契合消费者需要，真正形成结构合理、保障有力的农产品有效供给，走产出高效、产品安全、资源节约、环境友好的农业现代化道路。

（三）农业供给侧改革的重点任务

农业供给侧结构性改革的重点：调结构，优化农业生产结构、经营结构；提品质，着力提升农产品质量安全水平；促融合，推进一二三产业融合发展；降成本，降低农业生产成本、营销成本；去库存，当前的重点是要消化玉米库存；补短板，大力弥补制约农业发展的薄弱环节。

农业供给侧改革主要有五大任务，具体如下：

1. 以市场为导向，从国内和国际两个市场，化解农产品供需失衡的矛盾，打造结构合理、产品优质的供给体系；同时，面对日益激烈的国际农产品市场竞争，新型农业经营主体要以更加开放创新的心态整合国内和国际各种资源，通过错位竞争的策略切入国际农产品市场，有效规避我国农业成本过高的竞争劣势。

2. 加快推进农业产业结构调整，深耕优化农业领域的各垂直细分产业，稳步实现农业整体结构性改革，建立多层次、立体化的现代农业体系。

3. 完善粮食等重要农产品的临储政策，进一步发挥市场在农产品价格形成和农业资源配置中的重要作用，增强农业结构性改革的内在动力。

4. 需要政府首先保证财政方面对农业、农村、农民的扶植力度，以便为农业增效、农民增收提供充足的资金支持；同时，政府也要鼓励、引导各种社会资本和力量参与到农业产业链中，以更好地推进农业现代化转型升级。

5. 通过科技创新和组织创新，实现农业资源的更优化配置和更高效利用；拓宽流通渠道，构建更为合理的城乡资源双向流动与配置机制，努力探索农业供给侧结构性改革的具体路径，推动改革的顺利进行。

在推进农业供给侧结构性改革中，要始终把握好以下几个方面：

1. 保障国家粮食安全是农业结构性改革的基本底线

必须把保障粮食安全始终作为头等大事，把产能建设作为根本，实现藏粮于地、藏粮于技。要防止农业生产出现大起大落、粮食等主要农产品供给发生大的起伏，确保口粮绝对安全、谷物基本自给。

2. 推动农业发展绿色化

加大农业面源污染防治力度，推动农药、化肥、农膜减量化使用，扩大退耕还林还草，开展退耕还湿、退养还滩工作，把超过资源环境承载能力的生产退出来，把过量使用的化学投入品减下来，把农业废弃物资源利用起来，让透支的资源环境得到休养生息。

3. 树立大农业、大食物观念

面向整个国土资源，全方位、多途径开发食物资源，满足日益多元化的食物消费需求，基本形成与市场需求相适应、与资源禀赋相匹配的现代农业生产结构和区域布局，提高农业综合效益；推动粮经饲统筹、农林牧渔结合、种养加一体、一二三产业融合发展。

4. 创新农业经营体系

坚持家庭经营在农业中的基础性地位，加快培育家庭农场、专业大户、农民合作社等新型农业经营主体，发展多种形式的适度规模经营，大力发展覆盖全程、综合配套、便捷高效的社会化服务，大力培育新型职业农民，造就高素质的新型农业生产经营者队伍，用更少的农民种更多的地。

二、农业供给侧改革的关键：提高要素生产率

供给侧结构性改革的根本目的，是形成经济增长的新机制。从宏观经济全局上看，一个经济体从低收入水平向中等收入水平演进的过程中，主要是依靠追加生产要素（劳力、土地和资本等）投入拉动经济增长，而从中等收入水平向高收入水平演进过程中，由于生产要素成本的迅速抬高，经济增长的重心便转到主要依靠制度创新和科技创新，并通过这两项创新提高要素生产率，以化解要素成本提高所造成的困惑。农业供给侧改革是以结构调整为重点任务，以提高全要素生产率为基本目标，以制度创新为重大举措。我国农产品（主要是粮食）之所以会出现结构性过剩、库存量过大，其中的一个重要原因，就是成本高、价格高（国家支持政策），其价格超过国外粮食市场价格，导致国内粮食入库，国外粮食入市。

以玉米为例，据国家统计局数字，2015年国内玉米收购价为1.18元，国外玉米进口到岸价格完税后仅0.80元。导致玉米（包括相关替代品）进口量高达880亿斤。近年来，我国的玉米收储政策，实际上是价格支持政策，它被赋予托市、保价、增收等诸多功能，市场价格因此受到严重的扭曲。需要指出的是，这一年即使不进口玉米，国内玉米产量也已严重过剩。2015年全国玉米产量达4491.6亿斤，同比增加178.7亿斤，而当年玉米消费量为3500亿斤，产量超过消费量800多亿斤，阶段性过剩矛盾突出。国内粮食价格过高，还使食品加工业的利润受到严重的挤压，导致肉、奶等畜产品的内外价差不断扩大。

去库存与降成本是农业供给侧改革所要解决的两大问题，降成本是矛盾的主要方面。成本降下来了，库存问题也就容易解决了。要从根本上解决降成本这个问题，就必须通过提高要素生产率，相应地降低要素成本以及在这个基础上降低粮食价格，

提高国内粮食的市场竞争力。2015年，我国进口粮食2400亿斤，大豆就超过1600亿斤。随着我国人民生活水平的提高，对大豆的需求量增长加快，但在中国，大豆是属于低产作物，经济效益低，农民不大愿意生产。如果我们能够通过提高要素生产率，降低大豆的生产成本，提高大豆的单位面积产量以及在这个基础上提高大豆的经济效益，就可以从根本上解决因粮食进口多而引起的国内粮食库存量大的问题。

（一）改变传统的思维模式，调动农民生产粮食的积极性

传统的思维模式认为，提升粮食收购价格有利于增加农民收入，这种思维犯了形而上学的错误。因为粮食价格是商品价格比价的基础，伴随着粮食价格的上涨，不仅副食品的价格会随之上涨，包括农用生产资料在内的工业品价格以及其他服务价格也会跟着上涨，粮食生产成本和机会成本也会相应地 提升，其结果是在更高的价格水平上出现"比价复归"。况且，目前我国农户生产经营规模小，劳动生产率和商品率低，绝大多数农户能够出售的商品粮食规模很小，因粮食收购价格提高而增加的收入，往往补偿不了因农用生产资料和其他工业品价格上涨而多付的支出。从而，导致这些年来我国农民收入的增长，很大程度上是依靠非农收入的增长以及因此出现农业"兼业化"和"副业化"。

（二）改革和完善我国重要农产品价格形成机制

改革政府政策性收购，应当坚持"市场定价、价补分离、保障农民合理收益"的指导原则。把农产品价格和农产品补贴分开来，让农产品价格回到市场，由市场供求决定农产品价格，使农产品价格真实反映市场供求关系，产销随行就市，并形成购销主体多元化和多渠道流通的新格局。这里所说的"价补分离"是指政府不直接入市收购农产品，而是制定目标价格，再把目标价格和市场价格之间的差价直接补贴给农民。也就是说，如果出现农产品市场价格偏低，影响农民的生产积极性，可以综合考虑农民的合理收益以及财政承受能力和产业协调发展等因素，确立农产品生产者补贴制度，直接补贴给生产该种农产品的农民。形成由农产品市场供求决定农产品价格的高低，这种农产品价格信号能够真实反映农产品供求关系，并且能够把这个信息及时传递给生产者和供给者，当前存在的粮食产量过多、库存量过大的现象就可以避免或很快得到解决。

当然，要从根本上解决"去库存"，就必须加快转变农业发展方式，由以往主要依靠要素投入转到主要依靠科技进步、提高要素生产率的轨道上来，全方位地提高要素生产率，降低农产品成本，提高农产品质量，增强农产品市场竞争力。当前我国农业面临总量和质量结构上失衡，即有的农产品多了，库存爆满；有的农产品少了，大量进口；高品质产品供不应求，一般的、大路货产品供大于求，导致结构

性过剩与短缺并存。随着我国居民收入水平和社会保障水平的提高，居民的消费结构正处在从生存型向发展型和享受型转变，对产品的质量和安全提出更高的要求。这就要求围绕市场需求发展生产，推进农业由以往的生产导向向市场和消费导向转变，因势利导地调整农产品的品种结构，提高农业供给结构的质量和效率，生产更多质量高、安全度高、市场需求量大的农产品，以满足居民消费升级的需求，同时也可以增加农民的收入。应当认识到，以往的农业供给体系，主要是面向低收入群体，现在中等收入群体迅速扩大了，居民消费结构升级较快，对农产品和食品的需求由传统的初级产品向优质、安全的产品转变。由于当前国内农业和食品加工业的供给与需求不匹配，消费者对进口食品的需求必然不断扩大。统计数字表明，近 10 年来，我国进口食品年均增长 17.6%。

（三）促进农村一二三产业融合发展

2016 年中央"一号文件"指出，推动我国农业可持续发展，必须确立发展绿色农业就是保护生态的理念，加快形成资源利用高效、生态系统稳定、产地环境良好、产品质量安全的农业发展新格局。以绿色供给推动绿色消费。生态农产品质量好、安全度高、价格优，能够适应城市中、高端消费者的需求，潜在市场空间大，又可以使农民得到可观的经济回报。

高成本是农业供给侧的致命伤，是导致我国农产品高价格、高库存的重要原因。为了通过提高农业要素生产率降低农产品成本和粮食国内市场价格，破解高库存、高进口并存的难题，还应促进农村一、二、三产业（国际上称之为第六产业）融合发展，形成现代化的农业产业体系，促进农产品精深加工和农村服务业发展，推进产业链、价值链建设，开发农业多种功能，提高农业综合效益。2016 年的中央"一号文件"提出："促进农业产加销紧密衔接，农村一、二、三产业深度融合，推进农业产业链整合和价值链提升，让农民共享产业融合发展的增值收益，培育农民增收新模式。"要通过农业产业化形式，促进农业产业链的延伸，使农业经营主体由生产环节向产前、产后环节延伸，提高农产品加工转化率和附加值。应当指出的是，农业不仅具有经济功能，还同时具有社会、生态、文化等功能，以往我们更多的是重视农业的经济功能，忽视了农业的其他功能。随着人们消费水平的提高和消费的个性化、多元化，绿色消费和生态消费日趋凸显，为开发农业的多功能，推动一、二、三产业融合，提供了广阔的空间。应当积极开发农业的多种功能，依托农村绿水青山、田园风光、乡土文化等特色资源，大力发展旅游观光、休闲度假、农耕体验、创意农业、养生养老等，实现农业从生产向生态、生活功能拓展，使之成为繁荣农村经济文化、富裕农民的新兴支柱产业。

当前我国中高收入群体正在形成，传统的农产品和服务难以满足他们的消费需求，这就要求从供给侧结构改革入手，通过结构调整创造新的产业、产品，创造新的需求。当我们把农业与生态、文化、旅游等结合起来，使农民过去只卖产品转变到兼卖风景、绿色、生态、观赏、养生时，就可以大大拓展农业的功能，使新的供给和新的需求协调起来。2016 年的中央"一号文件"因此提出："加强乡村生态环境和文化遗产保护，发展具有历史记忆、地域特点、民族风情的特色小镇，建设一村一品、一村一景、一村一韵的魅力村庄和宜游宜养的森林景区。依据各地具体条件，有规划地开发休闲农庄、乡村酒店、特色民宿、自驾露营、户外运动等乡村休闲度假产品。"

当前我国农村产业融合发展，还处在初级阶段，农业要素的瓶颈制约和体制机制障碍还没有被突破，新型农业经营主体正在形成之中，带动能力较为微弱。未来产业深度融合的关键在于利益联结机制能否建立和完善，让农民充分分享产业链延伸、产业功能拓展和产业融合的收益。如果不能做到这一点，各个利益主体就不可能以产业化的方式联结起来，即使勉强凑合下去也不可能持久。以农业产业化形式建立的农村产业融合，龙头企业与农户建立紧密的利益联结机制，可以采取保底收购、股份分红、利润返还等方式，让农户平等分享加工销售的收益。

第三节　农业供给侧改革的难点

一、农业供给侧改革的难点

（一）农业生产结构有待优化

我国现阶段土地的所有权归国家和集体，农民对于现在承包的土地无法继续耕种时，没有合理规范的途径进行流转，导致一部分土地荒废或种上树苗，其余的一般口头协议以低租金或零租金方式转让给亲戚或邻居耕种，流转期限不确定。小部分种养大户虽然能够租到土地，但是往往期限较短，租金价格浮动大，有的农民临时毁约收回土地，都对土地流转市场形成不好的影响，租用土地的大户由于租用期限不确定，投资农产品规模和农业其他方面建设的热情消退，农业无法完全发掘出增长潜力。此外，由于有些地方 30 年一动土地的规定，农民在即将到期时对于现在耕种的土地无法完全投入生产要素，影响土地质量和产出率。新型农业经营主体作为农业生产经营方式创新的中坚力量，其培育状况直接影响到创新组织的发展。

（二）农业人才匮乏

农业劳动力作为进行农业生产的主要力量，也是创新的主动力。现代农业是采用新科技、大机械操作的，需要劳动者具备相应的理论知识和更高的劳动技术方法，能够运用先进机械设备，并具备创新观念、市场竞争意识，能够参与更多的农业管理。然而，我国广大的农村地区教育水平相对落后，接受过中高等教育的农民子女又不愿意留在农村，而且农民职业技能培训缺乏，只能依靠以往经验，这与在农业发展过程中所需要的高素质人才是不相匹配的。农业经营方式创新需要解放农民的传统思想，需要有创造力的人来起到指导和示范作用，这些都是现阶段的农业生产者难以达到的。

要想提高农业创新能力、发展新型农业经营方式，必须加强农民技能培训，发挥示范带动作用，形成良好创新氛围。

（三）农业基础设施薄弱

我国农业基础设施薄弱严重制约我国农业发展的需要，供给数量不足，建设水平落后，质量参差不齐，直接影响了我国传统农业向现代农业的转变的进程。我国的农业服务体系则存在很多不足：社会化服务机构重视政府支持轻视民办机构、缺乏公平的竞争环境；服务内容基本集中于产中和产后，缺乏统一组织和协调；服务机构与农户缺乏有效联系，信赖度低；专业合作组织内部管理监督机制不健全，无法充分发挥合作带来的效用。这些问题都阻碍了农业服务业进一步提升，滞缓了农业生产规模的扩大。此外，农村金融发展滞后，农业经营贷款难度大，缺乏农业生产经营保险制度，对自然灾害的抵抗能力差。

（四）农业科技支撑能力薄弱

中国是农业大国亦是农业弱势国，与发达国家相比仍有较大差距，如何提高农业科技的投入比例、发展技术现代化农业、加强科技投入仍是学界需要探究的问题。我国农业与欧美等发达国家大概有 20 年的差距，特别体现在科技农业上，中国农业问题呈现的问题特点是，农业发展水平低端、农民收入有限、资源投入与产出比差距过大、环境污染加剧等一系列的问题。

（五）农业一、二、三产业尚未融合

依据产业发展规律，农业想在未来继续占据国民经济的基础地位，为其他产业提供保障，就必须与其他产业融合，进而推进农业的现代化进程。我国农业现代化发展出现的问题，主要包括发展徘徊不前，农业领域偏窄，发展水平不高，与第二产业、第三产业融合程度低等。21 世纪科学技术和互联网技术的飞跃式发展，推进农业和农村现代化改革的步伐，中国农业迫切需要与第二产业、第三产业加快融合

发展。从目前看，农业与服务业互相融合发展是发展农业经济、推进农村现代化建设的重要着力点，是促进农业现代化生产科学发展、提高农业竞争力和增加农民个人收入的重要保障，是实现现代化农业的关键举措。

（六）农产品成本高，在国际市场中没有竞争优势

我国虽然是农业大国但是农产品的生产具有高投入和高污染的特点，农药、化肥的使用量在世界屈指可数，这不但造成环境的污染破坏，同时也增加了农产品的生产成本。化肥的使用量大，且利用率低，还会造成食品安全的问题。再加上我们的生产方式较落后、较分散、集约化程度不高，农业机械化程度低，必然会造成农产品的生产成本高，不具备价格优势。

（七）高库存量

农产品的高库存量，以玉米最为突出。近年来，由于"减大豆扩玉米"的种植结构调整，使得近 5 年玉米累计增产 3182 万吨，截至 2017 年的库存量高达 2.3 亿。这么大的玉米库存量不仅仅是种植结构调整的结果，增产是不会导致这么庞大数额的库存的。众所周知，玉米普遍是用作饲料的，单看 2015 年，高粱和大麦的进口量合计就达到了 2158 万吨，其中有三分之二替代了玉米，而且 2015 年还进口了 473 万吨的玉米。从以上的数据可以看出，国产玉米的价格偏高，导致被其他谷物替代，包括进口玉米在内，这使得大量的国产玉米被迫进入库存。归根结底，库存量高并不仅是因为增产的问题，更深层次的问题是农产品的竞争力太差，才导致高库存。

（八）农业发展的自身条件不足

我国农业发展存在短板，尽管这么多年农产品的供应从数量上看较为充盈，但是从长远来看，农业的基础设施较为薄弱，科技支撑力度明显不足，我国的粮食安全还存在着这样或是那样的问题，市场信息流通不畅，农业生产还有计划经济的影子，所以无法满足人民的生活需要。农产品的竞争力不强，也使得农业短板更加凸显，如近几年出现的抢购海外产品的新闻屡见不鲜。由于农业具有投资见效慢、周期长的特点，所以更需要国家的大力支持。

二、农业供给侧改革的思路

（一）注重提高农产品的质量

我国粮食产量连年攀升的同时，粮食安全问题曝光次数也在不断增加，我国虽是农业超级大国却不是强国，我国的农产品在进入国际市场中缺少竞争优势，中国农产品的贸易逆差在不断拉大，对外的依赖性也在逐渐增强。以大豆为例，在过去中国一直都是世界上最重要的大豆出口国和生产国之一，但是从 1995 年开始由出口国变为了进口国，其进口量也在逐年增长。

为了逆转这样的局面，政府财政也在加大对于大豆种植的科研投资，缩短国内外大豆产业的差距，提升国产大豆的竞争力。那么这就需要科学技术的不断支撑，同时也要注重粮食的安全检测。近几年，出口产品存在的安全问题也屡见不鲜，毒饺子、毒牛奶、毒鸡蛋，让更多的人对于中国制造产生了很多的顾虑，奶粉就是一个很典型的例子，尽管进口奶粉的价格比国产奶粉的价格高出一倍多，消费者却还是会去购买，哪怕是托人代购也不买国产奶粉。从这个例子可以看出，消费者对于产品的质量问题看得很重要，所以在提高农产品质量问题上，我们不光要提高科学技术在农业种植上的应用，还要建立相应的农产品安全检测制度，确保我们生产出来的农产品是优质无污染的。

（二）多种渠道减少库存

目前，中国虽然已经成为国际市场中不可或缺的市场主体，但是由于我国农产品的价格和国外农产品价格的差距不断拉大，中国已经成为世界农产品的库存地。虽然粮食产量连年攀升，但还是需要大量进口农产品。2016 年，我国的粮食储存量刷新历史新高，因此，农业供给侧改革刻不容缓。农产品的高库存导致农产品价格下跌，从而也降低了农民的种植积极性。针对这个问题，2016 年出现了一个新名词——"互联网＋农业"。自从电商出现后，消费方式发生了翻天覆地的变化，随着"双十一""双十二"的营销手段层出不穷，电商的交易量也在不断地刷新人们的想象，仅 2015 年 11 月 11 日一天的销售额就达到 900 亿元。所以，互联网的力量不容小觑，同样我们也可以利用这个电商平台减少农产品的库存，实现农户与消费者的双赢，同时在农村开展电商交易可以扩大农产品的销售范围，提高销售效率解决库存问题。另外，去库存，还需要调整种植结构，玉米种植问题最为突出，所以应该减少玉米产能，适当地调减非优势区的玉米种植，刺激下游加工企业收购国储玉米，从而减少库存。

（三）促进二产业的相互融合

农业是国民经济的基础产业，随着我国经济以及第三产业的不断发展，农业经济的发展在国民经济中的比重不断下降，这也是一个国家经济发展的必然趋势。如果想农业经济能够占据基础地位不动摇，就必须要与二、三产业相联合，促进农业的现代化发展，现如今农业与服务业的联合发展是推进新农村建设的一个有力的助推器。例如，山西大寨，过去的大寨只寄希望于能够在人们的双手下开拓出高产的良田，然而现如今的大寨仅靠农业生产所获得的收益甚少，更多来自加工业、毛绒衫厂、水泥厂等所创造的收益，利用大寨精神，开拓大寨旅游区、生态园等大力发展第三产业，促使第一、二、三产业的融合，使得大寨村有了更多的发展可能，创造新时期的大寨特色。所以促进产业融合使其良性发展，带动新的发展契机，使我国农业能够快速、合理地发展，从而提高农业发展的质量和效益。

（四）调整农业结构

中央一号文件中就供给侧改革中提出"深入推进农业结构调整"。那么调整的基本要点在于"促进粮食、经济作物、饲草料三元种植结构协调发展"，提高绿色环保无污染的农产品供给，减少一般劣质农产品的供给，发展特色农产品，促进高产区建设，减少低产区，通过农业的结构调整，提高农产品的有效供给，满足人们不断增长的需求。

农业供给侧改革要从长远着手，脚踏实地地逐步推进供给侧的改革。因为供给侧的改革涉及农业的方方面面，所以针对不同的农产品、不同的地区、不同的市场需求，要进行多种手段的调节，使得我国农产品的供给能够将资源优势发挥到最大化，更好地满足农业转型的需要，为市场提供可持续的、有效的供给，为发展我国特色的现代化农业奠定扎实的基础。同时，增强国际市场的竞争力，提高农产品的质量，加深农产品的品牌化，促进更多的国产商品走出去，使供求关系平衡，供给侧问题能够得到有效的解决。

第二章 安徽省的农产品竞争力

第一节 主要农产品竞争力

一、竞争力

（一）竞争力的内涵

竞争，并逐为竞，对辩为争，即互相争胜。诺贝尔经济学奖获得者、竞争理论大师乔治·斯蒂格勒在《新帕尔格雷夫经济学辞典》中写道：竞争系个人（或集团或国家）间的角逐；凡两方或多方力图取得并非各方均能获得的某种东西时，就会竞争。竞争力是泛指在自由竞争条件下，一个个体或社会实体致使竞争制胜的能力。

竞争力的概念是竞争主体在与竞争对手在市场竞争过程中产生的。对竞争力的研究最早始于实业界和政府。早在 20 世纪 80 年代，美国就出现了竞争力热，引发了各国学术界、政府、企业对竞争力问题的关注。但对竞争力的概念还没有形成一个权威的、统一的定义，不同的研究者有着自己的理解，对竞争力定义有几十种。世界经济论坛和洛桑国际管理开发学院认为，竞争力是一国或一公司在世界市场上均衡地生产出比其他竞争对于更多财富的能力。它是竞争力资产与竞争力过程的统一，即竞争力 = 竞争力资产 x 竞争力过程。所谓资产是固有的（自然资源）或创造的（基础设施）；所谓过程是指将资产转化为经济结果（如通过制造），通过国际化（在国际市场上测量的后果）所产生出来的竞争力。经合组织（DECD）认为，竞争力是"面对国际竞争，支持企业、产业、地区、国家或超国家区域在可持续发展的基础上进行相对较高的要素收入生产和较高要素利用水平的能力。美国产业竞争力总统委员会提出：竞争力是一国公民的生活水平可以在长时期内得到可持续性地提高的同时，该国生产可以经受国际市场考验的货物与服务的经济能力。《贸易政策术语辞典》认为，竞争力是某一企业或者某一部门或者一个国家在经济效率上不被其他企业、部门或者国家所击败的能力。李显君认为，竞争力是竞争主体在竞争过程中对竞争目标实现的能力，如厂商获得顾客的能力、占有和控制市场的能力。这些定义尽管有各种不同文字表述，但有共同的要素：竞争主体、竞争目标、竞争对手、竞争结果。因此，竞争力可以理解为在竞争环境中竞争主体相对于竞争对手对竞争目标实现的能力。

（二）竞争力的特性

比较性：竞争力是竞争主体在竞争过程中表现出来的比较能力，这种比较可以是产品质量、成本价格上的比较，也可以是占有或控制市场能力的比较。

利益性：竞争主体参与竞争的最直接的目的是获得更多的顾客，占有更大的市场份额，以实现再生产的高效循环。

动态性：竞争主体的竞争力随市场结构和竞争行为的变化而变化。产业或产品有无竞争力不是绝对静止的，而是不断变化的。所有影响竞争力变化因素发生变化，都会引起竞争力的消长。

过程性：它指竞争力的培育和建立以及消长有一个过程。就产品而言，在产品周期中的不同阶段，竞争力的表现形式和手段都不一样。

（三）竞争优势

竞争优势理论是竞争力理论的重要组成部分。竞争优势主要研究的是各区域间或企业间在同一产业的竞争关系，是指在业内竞争中的有利条件或强项，表现在不同区域在同一产业的竞争中，或同一产业内不同企业的竞争中。迈克尔·波特提出竞争优势的概念，认为竞争优势来源于企业为客户创造的超过其成本的价值。这个价值越大，越具有竞争优势。竞争优势除了在产品价格、质量、品牌、服务等方面表现出的市场优势外，还包括产业或企业的管理、技术、资本等系统内在优势。

波特的竞争优势理论，主要指一个区域使其企业或行业在一定的领域创造和保持竞争优势的能力。波特把国家（或区域）产业竞争优势归结为四个基本要素和两个附加因素：一是要素条件，指生产某种产品所需要的投入，包括人力资源、自然资源、科技知识等，其中强调的是创造的要素，而不是资源禀赋；二是需求状况，指市场对某种产品或服务的需求，包括市场需求的量和质。一国国内市场对某一产业提供的产品和服务的需求复杂程度影响该国这一产业的竞争优势；三是相关产业和支持性产业，主要指上游产业、下游产业的相互合作程度；四是企业战略、结构和竞争者；五是机遇，指科学技术突破、自然灾害、社会变革等企业和产业不能控制环境发生变化，改变现有竞争态势带来的机遇；六是政府行为，通过产业政策等对上述四因素产生的积极或消极的影响。后两个为附加因素。

二、农产品竞争力

（一）农产品竞争力理论

竞争是市场经济的必然产物和客观规律，随着农产品市场竞争日益激烈，农产品的核心竞争力引起人们的高度重视。从竞争结果和竞争潜力来看，可以将农产品竞争力的含义概括如下：

1. 从国际市场的角度，农产品竞争力定义为：一国农产品参与国际市场竞争，开拓市场、占据市场并以此获得利润的能力。常用的指标有一国农产品出口额、农产品的国际市场占有率等。

2. 从国内农产品市场来看，加入世界贸易组织（WTO）后，国内农产品市场已经成为中国农业与外国农业进行竞争的主战场，农产品竞争力主要表现为抵御国外农产品对国内市场冲击的能力。通常使用的指标有国内产量比重、国外产量比重等。

3. 在竞争潜力方面，农产品竞争力主要包括价格竞争力、质量竞争力和信誉竞争力等方面。由于有些决定价格竞争力的因素，如生产成本结构又会影响质量竞争力的水平，所以通常情况下价格竞争力被看作是农产品国际竞争力的核心因素。在这个意义上，分析农产品竞争力的主要方法是，比较我国农产品的价格与国际市场价格的高低。

4. 强调价格竞争力以外的其他方面的竞争力，认为市场竞争的效果实际上是由生产成本和市场营销绩效共同决定的。生产要素、需求条件、相关支持产业、政府支持等是影响一个国家产业竞争优势创造的关键因素。

（二）农产品市场竞争力理论

以竞争力和农产品特征为基础，农产品市场竞争力可以理解为农产品在市场的交易中，在市场占有和生产盈利方面表现出来的综合能力。农产品的市场占有能力，是指同类农产品可以通过质量优劣和价格高低的搭配来争取不同的消费群体，而具有特定功能或在特定的生态环境和季节生产的农产品更能以其特色占领市场的能力，影响市场占有因素有农产品的价格、农产品的质量以及市场适应能力等。生产盈利能力是农业生产经营好坏的直接表现，影响生产盈利能力因素有农产品的数量、产品价格以及生产成本等。

基于对竞争力和农产品竞争力概念的理解，可以将农产品市场竞争力理解为农产品在市场竞争中获得利益的能力。也就是说，农产品在生产成本、生产能力、生产效率、产品价格、产品质量以及市场营销等环节表现出来的获利能力。从农产品市场竞争力的定义可以看出，农产品市场竞争力是通过农产品的实际价格、实际质量和市场占有率综合体现出来的，包括现实的市场竞争力和潜在的市场竞争力，现实的市场竞争力就是在当前条件下农产品的生产能力、技术水平和市场营销能力等生存能力，而潜在的市场竞争力指的是潜在各种资源和研究发展能力等方面的可持续发展能力。其中，农产品的生产成本、产品质量、生产能力和市场营销直接决定了农产品的市场竞争力。

农产品市场竞争力只有在农产品非常富余的市场经济条件下才会显现，如在经济短缺的情况下就不存在农产品市场竞争力这个问题。农产品生产者只有向市场提供价格低廉、品质优良的商品，才能实现农产品的价值。

（三）农产品市场竞争力的主要影响因素

影响农产品市场竞争力的主要因素有成本、质量、营销能力三方面。

1. 成本因素。市场竞争的基本形态为价格竞争和非价格竞争。价格竞争本质上是成本竞争，成本的高低决定了竞争力的高低，即在其他条件相同的情况下，成本低，竞争力强；反之，竞争力弱。降低农产品生产成本的关键是采用先进技术，改善劳动组织，提高劳动生产率，尽可能地减少单位产品中物质费用和人工费用的支出。影响农产品成本的因素很多，除生产费用外，农产品的经营规模、区域布局、生态环境、生产条件、加工条件、政策变化等诸多因素也直接或间接地决定农产品生产成本水平。这些因素间接地影响和制约着农产品市场竞争力的高低，是影响农产品市场竞争力的间接因素。

2. 质量因素。一般说来，在价格一定的情况下，质量越好，竞争力越强；质量越差，竞争力越弱，二者呈正相关。

在实际生产生活中，农产品质量的好坏主要根据人们的需要和农产品满足消费者的程度，从实用性、营养性、食用性、安全性和经济性等方面来评判的，而且不同的产品，其质量标准是有区别的，就是同一产品，用途不同，质量标准也不完全一样。因此，提高农产品市场竞争力，应根据消费市场对农产品用途的不同需求，开发不同用途的品种，扩大产品销路，提高市场占有份额，增强农产品整体竞争能力。

3. 营销能力因素。市场营销是农产品市场竞争力实现的载体，包括从识别目标市场的需求到让消费者感到满意的所有活动，如市场调研、市场细分、市场定位、市场促销、提供服务和品牌化等。营销能力就是上述各种活动能力的综合体现。农产品市场营销能力如何，决定了农产品在市场的地位和份额，从而直接体现了农产品市场竞争力的大小。所以，充分的市场调研、恰当的市场细分和市场定位、正确的销售策略、有效的促销手段和良好的服务等一系列市场营销活动，不仅是提高农产品市场占有率的关键，也是实现农产品市场竞争力的关键。健全的营销体系和营销手段、方法所体现出来的综合营销能力，对农产品市场竞争力有类似乘数效应的作用。一个拥有成本优势和质量优势的农产品，完全可能因为其市场营销能力欠缺而实现不了较高的市场竞争力；而有市场营销能力优势的农产品，即使成本和质量优势不那么明显，也完全可能取得竞争优势，体现出较强的市场竞争力。

除了成本、质量、市场营销三个因素以外，从近年的事实来看，农产品还有两个方面的竞争力值得引起关注：一是利用独特资源形成的稀缺性竞争力；二是政府因特殊需要大力扶持形成的政策性竞争力。

三、安徽省农产品出口概况

（一）安徽省农产品出口总体情况

从总体情况看，自 2011 年中国加入世贸组织以后，安徽省农产品出口规模不断扩大，从 2001 年的 2.3 亿美元扩大到 2014 年的 12.0 亿美元，增长了 4.2 倍，年均增长 9.8%，同期安徽省货物出口总额增长了 12.7 倍。由此可见，安徽省农产品出口贸易虽然取得了很大的进步，但是平均增长速度明显低于同期出口贸易平均增长速度。在全国农产品出口的地位上，安徽省占全国农产品出口的市场份额却在不断提升，从 2001 年的 0.86% 上升至 2014 年的 1.34%，在一定程度上反映了安徽农产品竞争力的增强。2014 年，安徽农产品的进出口总额达到 28.1 亿美元，其中出口 12.0 亿美元，同比增长 6.9%，进口 16.1 亿美元，同比下降 7.8%。

表 2-1　2001—2014 年安徽农产品出口情况

（单位：万美元）

年份	出口额	进口额	进出口额	出口增长率	占全国的份额
2001	23512.0	3099.0	26611.0		0.86
2002	24692.9	4535.0	29227.9	5.0	0.75
2003	29098.4	6252.0	35350.4	17.8	0.70
2004	27223.3	9822.0	37045.3	−6.4	0.66
2005	33345.5	16344.9	49690.4	22.5	0.68
2006	37573.2	22560.3	60133.5	12.7	0.71
2007	43193.3	38934.2	82127.5	15.0	0.72
2008	51304.9	38981.4	90286.3	18.8	0.79
2009	50774.2	41410.7	92184.9	−1.0	0.74
2010	68921.0	56439.0	125360.3	35.7	0.79
2011	85330.8	89037.7	174368.5	23.8	0.90
2012	95234.2	125538.0	220772.2	11.6	1.31
2013	112389.0	174466.0	286855.0	18.0	1.28
2014	120140.0	160865.0	281005.0	6.9	1.34

数据来源：中经网统计数据库

（二）安徽省农产品出口商品结构

从安徽省农产品出口商品结构来看（表 2-2），安徽省农产品出口产品主要集中在蔬菜、水果、咖啡、茶、可可、调味料及其制品上。该类农产品在安徽省农产品出口总额中所占比重一直维持在 70% 左右，其中 2013 年占比为 68%，尤其是茶叶产品出口规模较大，增长也较快；2014 年安徽茶叶出口 19451 万美元，增长 35.16%。其次是谷物及其制品，糖、糖制品及蜂蜜，植物油、脂类产品。2013 年，该类农产品占安徽农产品出口总额的 20%，鱼、甲壳及软体类动物及其制品类出口上升速度较快。但是安徽优势农产品出口仍然是茶叶、粮食、水果等附加值较低的初级产品，由于农药残留等各种原因受到发达国家严格的 SPS 检验标准而举步维艰。

表2-2　2001—2013年安徽农产品分类出口情况

（单位：万美元）

品名 年份	谷物及其制品，糖、糖制品及蜂蜜，植物油、脂	活动物，肉及肉制品，乳品及蛋品，动物油、脂	鱼，甲壳及软体类动物及其制品	蔬菜及水果、咖啡、茶、可可、调味料及其制品	饮料及烟类
2007	5804	1279	1507	18968	22
2008	7314	1129	1947	20909	20
2009	7939	959	1171	18977	92
2010	7374	1253	2311	29521	129
2011	9703	1599	3739	36128	130
2012	10197	1872	3560	36678	219
2013	12045	2188	4395	40166	298

数据来源：2001—2014年安徽省统计年鉴

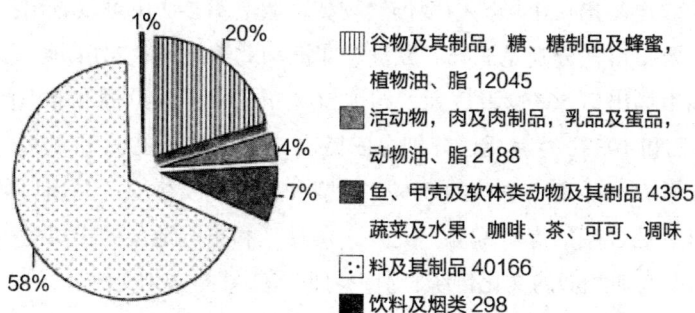

图2-1 2013年安徽省农产品分类出口占比

数据来源：2014年安徽省统计年鉴

（二）安徽省农产品出口主体集中度

安徽农产品出口主体集中度较高，龙头企业出口增长率高于平均增长率。

从出口企业主体看，2014年安徽省前20家龙头企业累计出口农产品46001万美元，超过2014年安徽省农产品出口总额的40%，比上年同期增长21.99%，高于安徽省农产品增长率约15个百分点。这些重点龙头企业包括：2014年歙县薇薇茶业农产品出口3333万美元，较上年同期增长40.59%；安徽福瑞祥农产品出口2890万美元，较上年同期增长35.52%；安徽明牛羽绒出口农产品2689万美元，较上年同期增长76.88%；宿州市皖神面制品出口2616万美元，较上年同期增长83.58%。

（四）安徽省农产品出口市场集中度

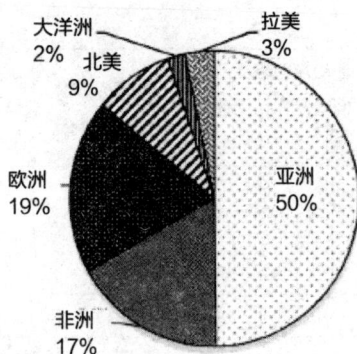

图2-2　2014年安徽农产品分类出口市场分布

数据来源：2014年安徽省统计年鉴

安徽省农产品出口市场集中度仍然较高。从上图2-2中可以看出：2014年安徽省农产品主要出口地分别是亚洲、欧洲、非洲和北美地区；2014年，安徽省出口农产品对亚洲市场出口56639万美元，约占50%的份额，对欧洲和非洲的出口分别为21769万美元和19382万美元，分别占安徽出口农产品的19%和17%。这三个地区累计占到安徽农产品出口总值的85%。欧盟和美国是安徽农产品出口的传统市场，因为安徽具有低成本的竞争优势。此外，对日本和东盟地区的出口竞争优势主要来自和东亚、东南亚相似的文化传统、消费习惯与频繁的文化交流。

四、安徽省农产品竞争力的制约因素

（一）法治环境不完善

目前，安徽农产品发展存在着法治环境的不完善等不足之处，法治环境的不足会给农产品竞争力的提升带来非常不利的影响。当前，安徽法治不健全主要体现在以下几个方面：

1. 安徽省关于农村、农业和农民的法案较少，立法基本处于停滞状态。安徽省的农业立法较为滞后且威慑力不够，在现有的法律中规范性的条文较少，大多都是关于计划管理与义务性规范的条文，其政策性较强、可操作性较差。关于农民的法案更是较少，根本不能够适应农业发展的需要。

2. 执法不严，影响法律的权威。安徽省关于农业的法律体系在逐步改善，以求适应农业的发展。由于执法机构的不健全，执法人员在实际的执法过程中，会出现执法不严甚至错位的现象，同时农业执法人员少且经费不足。而且农业执法人员素质不高，执法行为不规范，无法依法行政，同时缺乏农业行政执法监督机制等。这样的状况使农民对法律失去了信心，对执法人员失去了信心，使法律丧失了公信力，阻碍了农业经济的发展。

3. 少数执法部门在执法过程中较为随意，使农民丧失了法律信仰。有些执法人员的文化素质较低，法律水平有限，不能够正确地行使权利，常常以权压法，出现人治的现象。这样的情况会使农民产生错误的思想，认为权利大于法律，而法律是无用的，使农民不相信法律，对法律的信仰出现缺失。当然这样的现象是极少数的，大多发生在文化环境和经济落后的地区。但是这些极少数的现象却污染了当地的社会空气，蒙蔽了当地农民的眼睛，影响了农业法律体系的完善。为此，在这一情况下，农民容易法律意识淡薄，而导致自身在农产品的生产权益遭受到损失，必然会影响农民的生产积极性，给农业发展带来不利的影响。对于这种现象，政府应当给予足够的重视。

（二）农产品生产技术含量低下

长期以来，由于中国的现实国情，中国农业的发展受到限制，政府注重农产品的生产数量，对农产品的质量与标准给予的关注不够。中国的质量管理体系不够健全，农业科研技术的发展较慢，导致了农产品的产销过程过于分散。涉农企业对国际通用的农产品出口标准了解甚少，对主要贸易出口国的了解也较少，造成了农产品在出口过程中遇到一些技术性贸易壁垒的问题时不能得到及时有效的解决，更不能从根本上解决问题。这样的情况在安徽也是存在的，安徽的农产品在国内，尤其是在国际市场的竞争中容易处于不利地位。安徽省的农业技术发展并不先进，有些地区甚至较为落后，因此容易遇到技术性贸易壁垒的问题。

加入世界贸易组织（WTO）以后，中国作为成员国的关税需要下降。发达国家为了取得竞争胜利，保护国内市场，就利用技术性贸易壁垒限制进口，使其成为新的贸易保护主义手段。同时，在国际贸易中商品进出口的技术指数或指标变得尤为重要。安徽的农产品往往由于技术方面的原因，而被其他国家退换，这既打击了农民的生产积极性，又对安徽省的农业生产造成不良影响。

（三）缺乏专业生产人员和专业生产农场

根据普通高等学校的学校数量以及招生人数可以看出安徽省的教育事业在不断地发展且速度较快。2000年普通高等学校的数量是42所，到了2010年就发展到104所，增长了两倍多。从招生人数来看，2000年安徽省普通高等学校共招生人数为7.62万，到2010年人数达到了31.34万，远远高于2000年的人数。

虽然安徽省的教育在迅猛发展,但是安徽省的教育业并不发达,远远落后于上海、广东等发达省市。安徽省对于农业专有人才的培养占总人数的比例较小,2011年安徽省共招收14.4万本科生,其中农学专业的仅有2000多人,而且,大部分接受过高等教育的人才并不愿意从事农业生产。因此,人才和技术匮乏,已成为农产品竞争力提高最重要的瓶颈之一。安徽省的人口资源较为丰富,因此劳动密集型农业较为发达。与发达省市相比,安徽省的农业技术水平及农产品的深加工比重都较低,农产品的年均增长值不高,且增速较慢。另外,农业专有人才严重匮乏,影响专业生产农场与涉农企业的发展,对农业经济的发展影响深远。

五、提升安徽省农产品竞争力的措施

(一)政府应加大对农产品出口政策的支持力度,鼓励出口

1. 加强对出口农产品的财政资金的支持,财政支持能够有效使农产品的竞争力增强,从美国和日本提高农产品竞争力的经验中可以看出,两国对农业发展极为重视,都对本国的农业发展加强财政支持。帮助农产品在质量和数量上得到保证,从而增加农产品的对外出口数额。逐步改善农产品出口的检验检测方式,降低出口成本。

2. 不断加大税收支持,积极响应国家政策,实行惠农政策,做到为农业生产着想,建立健全农产品出口补贴政策。农产品出口的强大推动力依靠税收,认真落实科学分配、出口退税政策,真正意义上满足企业对出口农产品退税的要求。利用农产品税收政策调整农产品出口的结构,促进安徽出口农业产业的发展。

3. 政府组织建立农产品出口的辅助组织,为安徽省农产品出口企业提供技术和信息上的咨询。研究并交流企业现实存在的问题和困难,转变政府职能,增强服务方式,确保农产品出口企业拥有一个良好的政策环境。

(二)采用先进农业科技提升农产品的竞争力

各国对农产品出口的质量水平要求越来越高,提升农产品出口的质量依赖于科学技术的进步。建立农业发展科技扶植平台,提升安徽农产品的发展技术对农产品出口有着重要的意义。科学技术是第一生产力,农产品的科技含量提高可以应对国外的农产品贸易壁垒,从而增加农产品出口额。实现安徽省农产品出口的产业链,对出口农产品进行深加工。

1. 学习国外的先进农业生产技术

加强与国际农产品强劲企业的学习交流,利用先进的生产技术,对农业实行规模化、集约化生产,引进美国、日本先进的农业技术来为安徽省的农业发展服务。

促进安徽省由传统农业向现代化农业进行转变，重点是提高农产品的质量，再者是产量的提高。

2. 加大对安徽省科学技术人才的培养与引进

加强对安徽农业性大学的财政力度支持，建立农业创新的奖励机制，对农业生产有贡献者给予物质或精神上的奖励。把农业理论与实际生产相结合，采用先进的农业管理模式，各地政府应加强对各地区的农民生产进行知识培训，将先进的农业生产技术带入到基层中去。根据国际市场的要求实现以下的农产品科技，包括对物种的培育技术、繁殖技术、抗病能力进行研究从而实现代替农业化肥；对有害的技术（化肥、重金属农药）进行控制，加强对土壤的养分检测和肥料的平衡研究；展开农产品的加工模式研究，打造新型农业产业。

（三）强化安徽省农业品牌建设

安徽农业出口发展要依靠自身的农业特色建立起知名的农业品牌，打出国际品牌效应。一个品牌不仅仅代表一个地方的经济发展水平，也能推动当地经济的发展。一个知名的企业，可以代表本身的企业形象，也代表着本企业的生产质量。而安徽省缺少对出口农产品的建设。品牌战略作为重要的发展策略，被各国所采用。在如今的国际市场竞争中，企业运用品牌效应来增加农产品出口、追求生存、稳定发展成为一种普遍现象。安徽省的农产品品牌意识较为落后，主要解决措施如下：

1. 发挥安徽特色，建立与众不同的农业品牌，拓展国际市场

安徽亳州被称为药都，中药材年产量位居全国前列。针对这一特色，可以建立安徽中药出口品牌，整合亳州当地的中药企业，扶植潜力发展能力较强的中药制造企业。其次，安徽砀山酥梨在国内有一定知名度，应该加强对砀山梨的品牌建设，在提高砀山梨的品质的同时，大力向外推广，使家乡农产品走向中国乃至世界。

2. 培育行业内带动经济发展的龙头企业

可以采用行业合并的方式强化行业内的合作，减少行业的竞争。龙头企业是促进品牌建设的必要条件，拥有高科技能够实现产品的创新，可以将零散的资源集中利用起来，对核心产品进行打造，从而对周边农业生产起到辐射作用。农产品龙头企业拥有着较强的国际竞争力，能够树立国际品牌形象，有利于农产品的出口。安徽省拥有龙头企业数量不多，不能形成大规模的带动效应。应加强对龙头企业的扶植计划，在技术和经济上给予发展潜力大的企业帮助。

3. 将安徽省出口农产品文化底蕴与产品质量相结合

以商品为载体，把安徽的"徽商精神"推向世界。含有文化底蕴的产品可以自行地区别于其他的农业产品。文化作为一种营销的方式、方法，在国际贸易中被普

遍使用。安徽省可以将自身的文化产品进行打造,推向世界。例如,安徽六安的瓜片,拥有着悠久的茶文化历史。茶可以清心,味香之久而弥留。中国自古有着饮茶文化,并随着时代的发展,西方的咖啡进入中国。中国的饮茶文化也流入世界。对六安瓜片的打造可以塑造品牌个性,增强人们对产品的喜爱,最终实现文化促进产品出口,产品出口承载文化底蕴,相互推动,共同发展。

4. 以农产品的品牌效应加大农业招商引资的力度

品牌的影响力可以吸引国内外企业的投资商,从而引进他们的资金和技术来加快安徽省农业产业的发展。除此之外,本地的一些农产品加工业的龙头企业和国外的一些知名企业可以在政府部门的推动下展开强强合作,从而达到互利共赢的目的,这样不仅加快企业朝着国际化发展的脚步,更加快了招商引资的步伐。

第二节 特色农产品竞争力

一、特色农产品

特色农产品是指在特定地理区域和环境条件下形成的,具有很强的区域色彩,且是其他不具有此种特殊自然环境的区域所不能模仿和生产的农产品。换言之,如果这些特别的农产品具有很强的市场竞争力和能够带来显著的经济效益,就将其称为特色农产品。特色农产品不仅包括在区域分布上的品种特色,而且包括特色品种精深加工的农产品。这主要表现在:一方面,对于某些只能在特定环境和特定季节出产的、具有特定味道、功效的产品,因其特色而优秀;另一方面,某些农产品就其本身而言不具任何特色,但经过精深加工会大大增加其价值,并在市场上表现出明显的特色和优势。

特色农产品应该具备如下三个基本特征。其一,生产的区域性。由于特色农产品对一定的自然资源条件有着较强的依赖性,因而特色产品的生产表现出很强的区域性特征。随着科学技术的不断发展,农产品的区域性生产特征正在弱化。但是,特色农产品竞争优势的取得,仍在大程度上依赖于特定区域的自然生产条件。其二,产量的规模性。在现代经济条件下,特色农产品的效益与产品的产量规模紧密相关,只有在一定量的条件下才能形成商品优势,因此必须以规模为依托。第三,品质的优良性。与传统的数量型农业相比,特色农产品不仅体现在农产品品质的特殊性上,还体现在品质的优良性上。如果没有特色农产品的优良品质作为保障,就无法形成有效的特色农产品市场需求，也不可能带来较高的和持续的经济效益。

二、安徽省主要特色农产品

安徽省地处中国大陆东部，地跨长江、淮河南北。自古以来，农业就很发达，凭借平原地区的地理优势以及长江、淮河的灌溉、润泽，农业发展根基稳固，特色农产品种类繁多、数量丰富。安徽的主要特色农产品有：砀山黄桃、酥梨，宣州青枣、宣木瓜，水阳琥珀枣，怀远石榴，淮南大豆，徽州雪梨，六安瓜片，黄山野生猕猴桃、猴头菇、野蕨菜，亳州白芍、黄牛肉，新安江鳜鱼，旌德灵芝、苎麻，泾县香榧，金寨桂花糖，长丰草莓，太平猴魁，宁国山核桃，芜湖樱桃、南陵生态大米，阜阳青萝卜，阜南县有机大蒜，广德竹笋，淮北酱菜、濉溪西瓜，明光绿豆，皖西山区干货，巢湖银鱼等。

三、安徽省特色农产品发展现状

安徽省根据国家发布的发展优势农产品的区域布局，在自身拥有的农业资源布局和农产品发展现状基础上，通过分析市场前景，确立水果、畜牧、优质粮、优质油、水产、茶叶、蔬菜、棉花、蜂产品九大类主导产业，建设"优势产品区域化、大宗产品优质化、基地建设标准化"生产基地，形成优势农产品产业带。围绕上述主导产业，培育一批以国家重点龙头企业为支柱，以省级龙头企业为主体，以中小龙头企业为依托的产业关联度大、技术装备水平高、具有较强竞争力的龙头企业群。各级政府实行目标管理责任制，各主导产业要按"一个产业、一批龙头企业、一片（或几片）生产基地、一个配套政策、一套工作班子"的办法，建立健全组织实施体系。

（一）优质粮（小麦、水稻、玉米）

水稻主要分布在沿江江南水稻优势区和沿淮江淮水稻优势区，包括安庆、宣城、铜陵、黄山、六安、合肥等十四个市区。小麦分布在淮北中强筋小麦优势区和江淮中弱筋小麦优势区，主要集中在亳州、淮北、阜阳、六安、滁州等九个市区。玉米集中在淮北、江淮一带，主要分布在亳州、阜阳、宿州、淮北等八个市区。优质粮开发由省粮食局牵头，产地市政府负责实施。2007年全省小麦优质率61.3%，水稻优质率68%，全省涌现出"稼仙"牌大米、"丰大"牌面条。2007年，全省实施小麦高产攻关和水稻提升行动，建立小麦和水稻核心示范区800万亩，组织了省级50名专家对口指导服务小麦和水稻生产大户。2007年全省共组织实施小麦、水稻良种补贴。其中，水稻实行普惠制直接补贴，补贴面积3446万亩，补贴资金4.65亿元。

小麦良种补贴实行政府采购优惠价供种方式，补贴面积1100万亩，补贴资金1.1

亿元。2011年，水稻、小麦、玉米总产量为2974.03万吨，比上年增长62.86万吨。优势农产品品种进一步优化，优质率不断提高。无为县永安米业标准化生产示范区，品种优良，统一管理，水稻质量大大提高，"永安大米"得到市场广泛认可，产品销往上海、广东、福建、浙江、江苏等地。

（二）棉花

安徽棉花分布在淮北、沿江一带，主要集中在亳州、阜阳、宿州、合肥、宣城、芜湖等地13个市区。优质专用棉由省供销社牵头，各产地市政府负责。2011年全省棉花种植面积350.4万亩，比上年增加6万亩，总产量37.6万吨，比上年增长19%。2007年棉花良种补贴实行政府采购优惠价供种方式，棉花补贴面积200万亩，补贴资金3000万元。

（三）水果

安徽水果产业主要分布在宿州和淮北地区。优质水果开发由省财政厅牵头，区域市政府负责实施。2011年，水果种植面积110万公顷，较上年增加3万公顷，水果总产量885.4万吨，比上年增长4.6%。2011年，梨和苹果的栽培面积、产量分别为16826公顷、41.1万吨和36451公顷、100.4万吨。安徽省已获得水果无公害认证12个，认证面积约1万公顷。宿州市的"场园""翡翠""梨树王"牌砀山酥梨获得了绿色食品认证，砀山县还被列为全国水果无公害生产示范县。安徽省现已形成一批水果生产、销售及加工龙头企业，主要加工品为果汁、果酒和罐头。水果产业销售渠道较为稳定，如砀山县现有农民经纪人3799人，水果中介组织615个，水果协会136个，县内建成大型果菜批发市场2个，中小型交易市场100余个，收购网点300多个。

安徽水果业共获国家级推广项目二等奖2项，省级科技进步二等奖3项，选育新品种3个，新品种、新技术引进试验、示范200多项。合理密植、科学育苗、优质丰产、设施栽培、病虫害综合防治、无公害栽培、测土配方施肥、生态果园建设等技术日臻完善，到位率不断提高。产业化水平不断提高，社会化服务网络逐步形成。目前，省级龙头企业8家，市级6家，加工能力达75万吨，机械贮藏能力达2.5万吨，使安徽省的水果栽培、销售、储藏和加工形成了一条完整的产业链条。各地水果协会从无到有、方兴未艾，"龙头+基地+协会+农户"的产业化运作模式初步形成。

（四）油菜、花生

安徽是全国油菜主产省，属于全国长江中下游油菜优势产区，生产基础好，优势明显，常年油菜籽产量居全国前列。油菜产业基地主要分布在江淮和沿江一带，包括六安、安庆、铜陵等十个市区。花生产区集中在淮北和江淮一带，淮北产区以生产炸油用的大花生为主，江淮产区以种植食用型的小花生为主。实施优质粮油工程，由省粮食局牵头，各地市政府负责实施。2007 年，全省油菜面积 930 万亩，总产量 26 亿斤。两大油菜基地主要发展早熟、多抗、高含油量的"双低"优质油菜。该优势区域油菜面积 718 万亩，占全省油菜总面积的 77%，产量 103.8 万吨，占全省油菜总产量的 80%。2012 年油菜籽产量 134.3 万吨，较上年增长 9.4%，花生产量 86.9 万吨，较上年增长 3%。

（五）茶叶

安徽省是全国主要产茶省份之一，有江南丘陵茶区、大别山山区、黄山茶区、江淮茶区四大茶区。全国十大名茶安徽有四种（黄山毛峰、太平猴魁、六安瓜片、祁门红茶）。全省 17 个市 105 个县（区）中就有 12 个市 58 个县（区）产茶。皖南山区和大别山山区历来是我国著名茶叶产区，主要分布在黄山、宣城、池州、六安和安庆。茶叶开发由省供销社牵头，各市政府负责实施。该优势区域茶叶面积 155 万亩，占全省茶叶总面积的 83.2%，产量 4.8 万吨，占全省茶叶总产量的 68%。着力建设高效生产基地，发展优质无公害、绿色、有机茶。2011 年，全省茶叶种植面积 13.8 万公顷，产量 8.76 万吨，较上年增长 4.9%。2012 年安徽茶叶总产量 9.5 万吨，比上一年增长 8.9%。全省所产茶类有绿茶、红茶、黄茶和黑茶 4 种，目前主要是绿茶和红茶。

安徽有国家级良种繁育基地 4 处，茶叶加工企业近 7000 家。其中，有 17 个省级龙头企业，1 个国家级龙头企业，1 个国家驰名商标，3 个国家名牌农产品，13 个安徽省著名商标，5 个安徽省名牌产品，38 个安徽省名牌农产品。"天方""汪满田""新安源""徽六"等品牌茶叶，已在市场上引起广泛关注。茶产业结构得到调整优化，全省名优茶以 30% 多的产量，实现了 70% 左右的产值。茶业生产逐步向优势区集中，山区与丘陵茶叶产量比例为 8:20。2008 年，全省经有机、绿色、无公害三类认定（证）的茶园达 160 万亩，占全省茶园总面积的 85%。茶叶清洁化加工进程加快，全省拥有茶叶机械 11.1 万台（套），其中，拥有自动化、智能化的炒青绿茶和高档名优茶精加工生产线近 10 条。

（六）蔬菜

蔬菜产业是安徽省农业十大主导产业之一，是近年来促进全省农业增效和农民增收新的亮点。蔬菜产业由省农委牵头，市政府负责实施。蔬菜基地有特色瓜菜和出口蔬菜优势区，如亳州、芜湖等十个市区以及大棚反季节无公害蔬菜优势区，如淮北、安庆、合肥等十个市区。蔬菜 2007 年全省蔬菜播种面积达到 1350 万亩，产量 2233 万吨，产值 225 亿元，出口创汇 7610 万美元，位居全省农产品之首。2012 年安徽蔬菜总产量 2389.2 万吨，比上年增长 7.9%。

（七）猪、牛、羊、禽肉

奶牛主要分布在合肥、淮南等六个市，肉牛集中在淮北地区六个市区，肉羊集中在淮北五个市区，肉禽集中在江淮和沿江一带七个市区，生猪分布在淮北、江淮一带共 8 个市区。畜牧业由省计委牵头，各地市政府负责实施。面对东南地区巨大的消费市场、安徽利用中部地区丰富的饲草资源和全国乳品加工龙头企业陆续进驻的有利条件，在奶牛优势区着力建设发展优质奶牛，该优势区奶牛 20 万头，占全省总头数的 85%。肉禽是畜牧业中产业化程度最高、竞争力较强的产业。江淮和沿江地区生产具有明显的养殖优势，以宣城为中心的肉禽产业集群基本形成，"皖南黄鸡"和"皖南青脚鸡"成为安徽省畜禽新品种。安徽是生猪大省，2007 年产量 202.45 万吨，居全国第 10 位。淮北和江淮地区是全国中部生猪优势区，着力建设发展着力发展健康养殖，生产优质肉猪。该优势区域生猪出栏 1402.67 万头，占全省总头数的 59.4%，产量 119.39 万吨，占全省总产量的 59%。2011 年，肉类总产量 376.94 万吨，比上年增加 1.47 万吨，增长 0.4%。

（八）水产品

安徽是淡水渔业大省，淡水水面 1581 万亩，2007 年水产品产量 166.4 万吨，分别居全国淡水第二位和第六位。在沿江和沿淮地区，安庆、巢湖、芜湖等 13 个市 30 个重点县（市、区），作为水产品优势区，着力发展河蟹、斑点叉尾鮰、鳜鱼、虾类等水产品。该优势区域 2007 年水产品产量 112 万吨，占全省总产量的 67%。2011 年水产品总产量 193.31 万吨，比上年增长减少 6.24 万吨。

（九）蜂产品

安徽是蜂产品生产大省，蜂群数量、产量、出口量均居全国前列。近年来，安徽省蜂产品发展很快，2007 年，蜂蜜产量 1.43 万吨、出口量 1.2 万吨，居全国第 4 位。安徽省在皖南山区选择黄山、宣城 2 个市 9 个重点县（市、区）作为蜂产品优势区，着力建设发展优质蜂产品。该优势区域蜂蜜年产量 0.92 万吨，占全省产量的 64.13%。

四、提升安徽省特色农产品产业竞争力的对策

（一）做好特色农产品区域布局

某一地区特殊的气候地理条件决定产区农产品特色品质，它是特色农产品品牌形象的核心和基础，也是特色农产品产业竞争力大小的关键因素。针对安徽省的地理气候特点，首先，加快优势农产品基地建设，优化农业区域布局，发挥资源优势，搞好山区的茧丝绸、名优茶、木本油料、板栗；五大水库的特色渔业；江淮丘岗区的草食品畜禽、苗木花卉；平原区的草竹柳编、优质粮油、出口果菜、创汇渔业等，12个优势特色产业基地建设（如下表2-3所示）。其次，加快优质粮生产基地建设，配合国家启动粮食安全战略的政策，扶持优质粮生产基地建设。围绕龙头企业建立优质水稻、专用小麦生产基地，促进龙头企业的粮食生产加工。再次，加快创汇农业生产基地建设，六安市一些农产品，如霍邱沿淮柳编，金寨地区丝绸茶叶等产品远销国外。对这些出口产品应加强基地建设。

表2-3　安徽省特色农产品基地建设

地区	重点基地
淮北	畜牧、蔬菜、水果、棉花、中药材
皖南皖北	林特产品、蚕茧
沿江沿淮	水产品、蔬菜、棉花、家禽养殖
江淮	优质粮油

资料来源：网络。

（二）提升特色农产品产地品牌形象

安徽省特色农产品多，六安瓜片是中国的十大名茶，皖西白鹅是世界珍禽，羽绒质量世界之最，蚌埠银鱼驰名华夏，河蚬闸蟹远销海外，大别山素有中国药库之称，霍山石斛价格等同黄金。发展品牌农业，具有得天独厚的优越条件。但是，目前存在的问题是：品牌多而不大，特而不亮，规模小，档次低。在这种形势下提升特色农产品产地品牌形象，主要措施有以下几点内容：

1. 注重特色农产品质量

任何一种商品，质量都是首位的，这是决定占有市场份额的关键因素，农产品作为人们生活消费的必需品，其质量安全程度直接关系人们的生命健康和生活质量。随着社会的发展，广大消费者对农产品质量安全要求越来越高，自我保护意识也越来越强。因此，必须树立对消费者健康负责的安全理念，保障农产品质量安全，维护公众健康，在消费者心目中塑造地方特色农产品健康安全的品牌形象，以满足广大消费者对农产品质量安全的需要。

2. 适度发展特色农产品规模

特色农产品的品质直接依赖于它所生长的自然环境，每一种农产品品种有最佳的生长地域。根据自然条件差异，适度发展特色农产品的种植地理范围，提高特色农产品品质，以保持产品的自然特性和经济价值。

3. 加强特色农产品的品牌宣传

近年来，安徽省在六安瓜片，霍山黄芽等农产品品牌宣传上力度较大，效果明显。同样如此，对其他农产品如皖西白鹅、高山蔬菜、水库渔业、中药材等也应加强宣传力度。除传统宣传方式外，可借鉴国外一些做法，注重宣传上的细节问题。例如，日本农产品生产者自我宣传意识非常强，高档超市上的农产品包装说明写得非常详细，不但有安全食品标识、生产日期，而且对是否使用了化肥、农药等，每次用量多少都有说明。中国台湾地区、菲律宾等地的农产品同样注重细节上的宣传。目前，在农产品细节上的宣传，不仅是安徽省，就是在全国，都很欠缺，而正是这些细节让消费者觉得安全、放心，值得信任。

（三）发挥中介组织在特色农产品产业中的作用

农民专业合作经济组织和行业协会，可以提高农民进入市场和农业生产的组织化程度，益于保障广大农民的经济利益，这些中介组织的加入可以为农户提供所需的信息和技术。

1. 搜集市场信息

为会员单位提供市场、法律、国家政策和专业性的咨询服务。全面、系统地搜集整理技术、经营、市场信息去指导和引导农民种、养、加工，减少农民的盲目性，把农民承担的风险降到最低线，增强农民学科学、用科学的主动性和积极性。

2. 开发新产品和推广新技术

把农村中当地专家和技术能人组织起来，吸收他们入会，在农村、农业各个领域起着模范带头作用。

3. 开展行业人才培训活动

一方面为农村、农民引进技术、管理和经营人才，另一方面大力开展人才培训，重点加强农业产业化管理人才、营销人才的培训，更新观念、丰富知识、提高素质、增强能力，推动农民增加收益。

4. 协助农民开展商务活动

农村行业协会利用自身联系广的优势，通过举办农产品展销会、洽谈会等多种方式，引导农民走向市场，解决农民买难、卖难的有效途径。

5. 由中介组织出面为农户借款，降低交易成本

据调查，农户比较喜欢有中介组织加入的"企业+中介组织+农户"的经营模式。目前，安徽省组建了一些专业合作经济组织和行业协会（如舒城家禽协会、叶集养羊协会、霍邱生猪协会、裕安黄鳝协会等），在当地农产品生产与销售中发挥重要

作用。中介组织应健康、有序地发展，为基地农户更好地提供产前、产中、产后服务，把千家万户的小生产与千变万化的大市场联结起来。

（四）依靠科技，大力发展特色农产品精深加工

目前，安徽省特色农业的产品加工单一化，不能满足市场需求，特色资源没有得到充分利用。发展特色农产品精深加工，可采用各种方式引进人才和技术，提高农产品深加工技术，使产品多样化，最大限度挖掘产品的增值潜力。例如六安瓜片，由安徽省华山名优茶开发中心和安徽农业大学共同承担的"花香型六安瓜片关键技术研究项目"，经过2年的试验研究，2010年8月26日通过省科技厅委托的专家组鉴定。"花香型六安瓜片"既保留了六安瓜片的基本特色，又具有铁观音、乌龙茶的香味，这项科技成果根据六安瓜片品质和鲜叶的特点，采用"透香"方法和独特加工工艺，制作出的六安瓜片花香明显、品质独特，尤其对六安地区春末、夏、秋茶鲜叶原料的利用具有重大示范作用，是六安瓜片加工技术上的一次重大创新。

（五）开拓国内外市场，构建特色农产业商务平台

立足资源、区位优势，在中心集镇和主要农产品集散地重点建设一批具有区域特色的专业批发市场，进行产品拍卖、连锁经营、统一配送和电子商务等现代交易方式。在境外，省外建企业，设一些销售窗口，组织本地名、特、优农产品开拓上海、北京等大中城市市场，建立农产品物流体系。利用网络信息，构建特色农业商务平台，发展农业特色优势产业电子商务，引导龙头企业采取网上销售、代理、连锁、配送等新的营销方式，扩大销售。

第三节 农产品品牌竞争力

一、农产品品牌

伴随着国际化水平的不断提高，竞争市场中的农产品慢慢衍生出农产品品牌，为农产品的竞争优势提供了有利条件。许多学者研究了农产品品牌，不同的学者对农产品品牌的理解持有不同的意见，具体包括以下两个方面：

其一，农产品品牌是一种标记或符号。李敏认为，农产品品牌是农产品经营者、产品产地及质量对产品的识别标志，用于农产品消费者和经营者之间的联系。赵晓玲认为，农产品品牌是指农产品生产者或经营者使其农产品或农业服务和其他类似的农产品或农业服务区分开的一种标记。姚晓红认为，特色农产品品牌是一种向消费者传递与竞争对手具有差异性的农产品信息，由于农产品的品种特性、农产品的质量特性、农产品的原产地名称、农产品的品牌声誉等信息形成一系列的标记或符号。杨海龙认为，农产品品牌包括"地名+产品名"的品牌命名形式与标识同类产品的不同企业之间进行区分。

其二，农产品品牌具有附加值。王立娟认为，农产品品牌是以农产品的自然资源、地理资源等差异为基础，并以商标与标志来区分其他同类产品，使消费者对其认识与了解，消费者偏好的形成，最终带来的好处，包含了一系列附加值。张海燕将农产品品牌分为狭义的农产品品牌、农产品企业品牌与区域农产品品牌，农产品质量易受自然环境的影响是其共性，只是受益主体不同，分为个体企业私有与所有企业共享。

通过以上关于农产品品牌概念的界定，可知农产品品牌是指在农产品的研究基础上，用于区别同其他同类产品，同时也向竞争对手及消费者传递农产品差异性信息的一种标记。

二、农产品品牌竞争力

农产品品牌竞争力是指农产品经营企业，利用农产品品牌所显示出的关于农产品的地理位置、资源禀赋、农产品品质、风味等农产品独特特性，再通过对品牌进行定位、传播、运作与管理，建立消费者喜爱的良好的品牌形象，给消费者带来差异化的价值，得到消费者的认同，刺激消费者的购买行为，形成品牌忠诚，最终形成区别于其他农产品品牌的品牌竞争力。这种能力能提高农产品的市场占有率，提高农产品的附加价值。农产品品牌竞争力是在市场竞争的过程中形成，它最终取决于消费者对于农产品内在的产品功能要素、外在的企业和产品的形象要素以及在把握消费者的心理要素等综合要素的良好的品牌联想的基础上所促发的购买行为。蔡靖杰认为，农产品品牌竞争力是指将农产品品牌化后区别于其他竞争对手并且具有更强的获利能力，农产品在市场竞争中借助品牌所携带的价格、信誉、质量保证、良好的口碑和特有的差异性等产品和服务综合信息，使消费者获得丰富的品牌联想，进而促发其品牌购买行为，农产品品牌竞争力是由品牌所赋予农产品企业区别于其他竞争对手而获得自身持久的市场获利能力。

通过以上关于农产品品牌竞争力的内涵的界定，可以看出通过农产品品牌所显示出的三种属性：一是农产品的质量属性，二是品牌的形象属性，三是品牌的消费者属性。通过这三者区别于竞争对手，形成差别能力，产生购买行为，因而形成竞争力。

三、安徽省农产品品牌建设现状

近年来，安徽省高度重视农产品品牌化建设，大力实施农产品品牌战略，采取了一系列措施推动农产品品牌化工作，积极打造农产品品牌，以品牌促规模、以品牌拓市场，品牌农产品呈现出了良好的发展势头。

（一）安徽省农产品品牌建设所取得的成效

近年来，安徽省把农产品品牌作为提升农业竞争力的核心要素加以培育，重点实施了《优势农产品区域发展布局规划》《农业标准化示范区管理办法》《绿色食品标志企业名录》《无公害农产品名录》等重大工程和项目，极大地推动了农产品品牌化战略，加快了安徽省农产品品牌的建设速度。按照安徽省委、省政府提出的以增加农民收入为核心，大力调整和优化农村经济结构、推进农业产业化经营的基本思路，全省上下围绕市场调整农业结构、产品结构、优化品牌，大力发展无公害农产品、绿色食品和有机加工食品，积极开展农业创品牌活动，着力提高农产品质量、档次、规模、科技含量，取得了显著成效。

目前，安徽省已有一大批优质农产品获得国家和省级品牌认证。从 2002 年安徽省 18 个市县实施《农业标准化示范区管理办法》以来，共建各类核心示范区（片）250 多个，辐射带动标准化种植基地 71 万公顷以上，标准化畜禽养殖基地 9200 多只（头），标准化水产养殖基地 6 万多公顷。各基地县在推广应用国家和农业行业标准的基础上，先后制定了一批农业地方标准和农业生产技术规程，至 2006 年安徽省农产品出口示范基地达到 20 个。2007 年，又有 5 个农产品品牌被评为中国名牌农产品（如下表 2-4 所示）。截至 2009 年 9 月，安徽省拥有国家级农业产业化龙头企业 32 家，省级农业产业化龙头企业 120 家，名牌农产品总数达到 230 个。

表 2-4　2007 年安徽省国家级名牌农产品名单

注册商标	产品名称	企业名称	产地
女山湖	大闸蟹（中华绒螯蟹）	明光市永言特种水产养殖有限公司	滁州明光
翡翠	砀山酥梨	安徽省砀山果园场	宿州砀山
徽六	六安瓜片	安徽省六安瓜片股份有限公司	六安
詹氏	山核桃	安徽省宁国市詹氏天然食品有限公司	宁国
联河	大米	安徽省联河米业有限公司	安庆望江

资料来源：网络

在大力推进品牌化建设的同时，安徽省的农产品出口情况也得到了较快的增长。2006 年省级龙头企业中共有 106 家出口创汇，创汇额达 10.2 亿美元；2007 年，安徽省农产品出口额 7.56 亿美元，比 2006 年同期净增 1.16 亿美元，同比增长 18%；2008 年截至 3 月底，全省农产品累计出口 2.02 亿美元，比上年同期增加 6221 万美元，同比增长 44.5%。

（二）安徽省农产品品牌建设的特点

1. 农产品品牌数量逐年增加，已初具规模

20 世纪 80 年代，安徽省开始了农产品品牌建设阶段。进入 20 世纪 90 年代以来，特别是在市场经济大环境下农产品进入买方市场以来，农产品品牌的建设速度加快，品牌数量开始慢慢增加。近年来，安徽省各地区充分发挥本地的资源优势，积极推进农产品品牌建设。省内各地区相继制定了关于促进农产品品牌建设的政策措施，极大地促进了品牌的建设。据相关资料统计，截至 2008 年年底，全省获农业部认证的无公害农产品达到 563 个，认定安徽无公害农产品产地 400 多个，有 238 家企业、384 个产品获得国家绿色食品标志使用权，有 0.4 万多公顷茶园通过有机茶叶基地认证，有一大批农产品获得省级以上农业名牌，目前尚有一大批鲜活农产品正在申请商标注册和品牌认证。

2. 农产品品牌的建设内容丰富

安徽省农产品品牌建设内容丰富、形式多样，既包括注册商标认证、省级名牌产品申报认定、质量安全认证等，又有中国特产之乡评定考核和地方特色农产品申请原产地保护等建设内容。全省无公害农产品、绿色食品和有机食品得到了快速发展，为全面提高农产品质量安全水平、打造安全优质农产品品牌打下良好的基础。

3. 农产品品牌知名度不断提升

各级政府通过举办和参与各种类型的农交会、绿博会等展示展览活动，集中宣传和打造了一大批安徽省的地方知名品牌，极大地扩大了农产品品牌的知名度。例如，滁州的"女山湖大闸蟹"、合肥的"丰大油脂"、宿州的"砀山酥梨"、六安的"徽六瓜片"以及"齐云道茶""芜湖大米""黄山毛峰""仙晶大米"和安庆望江的"联河大米"等一大批地方名优产品，在国内外已经拥有较高的知名度和市场美誉度。"宁国山核桃""黄山毛峰"等品牌已享誉国内外，成为安徽省农产品的代表性品牌。

4. 农产品品牌意识不断增强

结合推进农业名牌战略、农产品质量安全等工作，各级政府积极开展了各种类型的农产品品牌知识宣传和质量安全宣传培训。通过宣传培训，多数农户、农民专业合作组织、农业龙头企业及各级政府、有关部门领导的农产品品牌意识有了很大

提高，已在全省上下形成了农产品品牌建设的良好氛围。

5. 农产品品牌效益不断体现

近年来，各地区纷纷实施"一村一品，一乡一特"的品牌兴农战略，不断拓宽富民新路，助推新农村建设，一大批品牌农产品远销全国各地，成为农民增收的重要来源。仅 2008 年，安徽省 70% 的名优品牌农产品销往长三角地区，占领了较大的市场份额，农产品的出口创汇能力也突破了 5 亿美元，农产品的品牌效应正在不断体现，极大地带动了全省农业经济的发展。

以安徽省宁国市为例，近年来，宁国市在发展无公害、绿色农产品生产中，大力实施农业品牌带动战略，目前拥有农产品注册商标百余个，其中国家级名牌 1 个、省级名牌 7 个，打造了一批知名农产品品牌，全面提升了当地农产品的档次和市场竞争力，迅速占领了国内外市场。该地还建立了无公害农产品基地百万亩，万福西瓜、万家花木、青龙湾水产品和青龙、板桥的绿茶等被认定为国家级无公害农产品和国家绿色农产品，宁国山核桃、太阳牌肉鸭被列入国家二类标准化示范区，"宁国山核桃"通过国家原产地认证。据统计，品牌产品占全市农业总产值的比重超过80%，农产品品牌每年为农民增收数十亿元。

四、安徽省农产品品牌建设措施

（一）农产品生产经营者角度

1. 增强农产品生产经营者的品牌意识

发展品牌农业必须树立商标意识，否则就是没有人对品牌负责，管理和市场运作就不能到位，其结果就是使品牌受损。增强对农产品品牌的设计和管理，遇到生产经营危机时要有危机公关意识。农产品品牌经营要有战略规划，不能只重生产轻管理。

2. 确保农产品质量安全

质量是农产品品牌的生命，只有质量有保证，品牌才能经久不衰。农产品生产者一定要清醒认识到，质量是品牌的基础，容不得有一点马虎。否则，就如三鹿奶粉质量问题最终导致红极一时的奶业品牌一夕之间彻底倾倒。农产品质量安全要确保落实到农业生产的产前、产中、产后全过程，制定标准和实施标准，推广先进的农业科技成果，积累经验，以确保农产品的质量和安全，因为没有标准就没有质量，没有质量就没有农业名牌产品。只有最终在每个农产品价值链环节中（生产环节、收购环节、销售环节）落实标准，才能真正将质量安全落到实处。

3. 提高农产品科研及精深加工的能力

在满足消费者对农产品数量的需求之后，特色农产品质量、文化等深层次需求还有待满足，这就要求农业科研部门根据市场需求，生产品质优良的农产品，提高农产品的科技含量，增强农产品深加工能力，有效推进特色农产品品牌建设。由于农产品鲜活易腐、运输要求高、质量不易监测，应用科学的包装手段提高保鲜技术，成为农业发展的必要保障。农产品科技含量除了引进优良的品种之外，还应包括农产品生产和经营过程中生产技术、加工技术、包装技术和储存运输技术。

4. 加强企业品牌标识及农产品品牌的经营管理

商标是产品的标志，包括产品的全部内容，代表一种形象。依法注册商标，是在市场经济条件下创造名牌农产品的基本做法。第一，商标的文字、图案要有其显著性，让人过目不忘；其次，商标的文字、图案要保持稳定，不能随意改动；第三，要学会运用法律武器。当自己的品牌被侵害时，要运用法律武器与假冒活动斗争，这不仅保护了企业产品和消费者利益，而且对强化品牌、树立形象也有很大价值。农产品品牌建设要有长久战略，在日常经营中重视品牌的推广宣传，有意识地利用媒体广告、公关宣传等手段来全方位塑造品牌形象。

5. 利用当地文化资源为特色农产品品牌宣传

传统的农产品销售主要集中在集贸市场和连锁超市，销售人员直接面对消费者，向消费者传达产品信息。目前，销售人员普遍缺乏品牌观念，没有经过企业标准化、正规的培训，服务态度差、卫生习惯差强人意，直接导致品牌形象的大幅下降。

终端销售渠道是实现农产品价值的最后一环，更是向消费者宣传品牌的最佳机会。农超对接中，在超市的每个售货区设立产品简介，包括公司信息、产地地理特色、文化、气候、民俗以及产品种植特点等，外附产地照片，突出产品的自然、绿色和安全；结合农业企业品牌标示，统一售货区颜色、样式；统一产品销售人员的着装，对人员的工作行为进行标准化培训，加深消费者对农产品的品牌印象。借鉴"五粮液"酒的宣传形式，拍摄一部故事性、情景化的广告片，代表农产品品牌的形象。此外，要利用安徽传统文化（如黄梅戏、徽剧、花鼓灯）和地域文化（三国故里、宗教圣地、徽派建筑）宣传自己。品牌宣传要跟上时代，采用新的营销模式，如事件营销、微博营销等，同时要做好农产品的"售后服务"工作，树立好社会形象。除此之外，发展电子商务是必然趋势。例如，淘宝特色馆就有安徽馆和宁国馆，这不仅拓宽了农产品销售渠道，也展示了安徽特色农产品，有利于提高安徽农产品品牌知名度。

6. 健全农业人才激励机制

人力资源是品牌策略得以实施的首要条件，农业企业应给予人才足够的重视，建立合理的激励机制，吸引人才。在企业招聘新员工时，应向有品牌宣传、策划、维护经验的人才适当倾斜，对于企业内部的员工，应向其灌输品牌的理念，并做定期的培训。加强对农技人员的培训，提高农技推广的效率。劳动者的技能提高了，对农产品生产的标准化和产业化有了深刻理解，转变农产品经营理念，农产品品牌化工作才会顺利开展。农业经营者应该积极加强与农技站、农业高校等科研单位的合作，学习农业技能，提高农业管理水平，加强农业生产能人经验交流。

（二）政府管理者角度

1. 完善农产品质量标准、检测和监督体系，加强农产品市场管理

各级政府部门要结合发达地区、国际质量标准，健全、完善农产品质量标准体系，确保产品质量安全，破除农产品区域准入标准歧视。按照国际、国家和省标准，组织农产品生产和加工，集中力量对稻米、小麦、棉花、油料、茶叶、水果、蔬菜、肉蛋奶、水产品等农产品制定与国际接轨的地方质量标准；加强和完善安徽省的国家级农产品质量监测中心，在省辖市逐步建立农产品市场监控和服务机构，完备农产品质量安全快速检测手段；制定好无公害农产品、绿色农产品、有机农产品标准，加强原产地标志的认证与使用管理，使农产品生产有标准可依，保证农产品的品质；鼓励农业生产企业、研究机构、高等学校之间建立稳定的合作研究机制，按国际先进标准组建高水准的实验室，为企业产品质量提供权威的质量保证平台，也为研究机构、高等学校的提高提供了科研平台；为农业品牌企业的发展创造良好的发展环境，如简化工商管理手续，为企业提供技术、信息服务，严格执法，打击假冒伪劣产品和农产品市场的不正当竞争行为，保护品牌产品企业的合法权益等。

2. 完善法律环境，保护知识产权

农产品品牌评定部门有很多，如国家质量监督检验检疫总局、国家工商总局、商务部、中国工业经济联合会、中国名牌战略推进委员会等。各个部门根据各自职能定位提出了不同的评价制度和管理办法。政府应该制定政策对农产品品牌战略应该统一规划，规范各部门或机构对农产品评比及荣誉称号的评选规则，重视品牌培育的基础工作。

3. 加强特色农产品地域标志的宣传力度

随着创建和维持品牌的费用越来越高，价格障碍和规模瓶颈已成为制约品牌农产品发展的重要因素。这就要求企业逐步实施品牌整合，积极培育农产品区域公用品牌，促进农业产业集群的形成。农产品品牌的公共物品特性使得集体商标、地理

标志等农产品品牌的外部性很强，农业企业需要政府的主导、协调和配合。各地政府应该积极引导区域农产品品牌的商标注册，利用原产地产品认证，使区域农产品品牌的使用受到保护。

4. 扶持龙头企业，培育品牌主体

各级政府部门积极配合国家战略规划，充分发挥市场调节作用，引导扶持发展特色农产品。加强对农业生产经营企业的培训，积极吸引农业专业人才和科技人才，鼓励农业企业自主科研创新。在资金、税收多方面对品牌农业企业提供优惠政策，鼓励农业企业规模化，利用市场规律逐步淘汰产值低、耗能高、品质差、运作不规范的农业企业。

（三）农业行业协会角度

传统协会和农户之间是一种松散的组织关系，协会的中介协调作用未能充分发挥。作为农产品品牌建设的第三方，协会要切实完善农业行业协会内部组织，提高协会的运作效率，落实为企业服务的职能，定期进行行业信息的统计分析，及时发布农产信息。加强对全省农业工作经验总结、推广，举行各种推介活动，进行普及宣传特色农产品以及龙头企业的宣传推介。

第三章　经济新常态下的农业 3.0 模式

第一节　"按需定制"的农业 3.0 新模式

以"按需定制"为核心的农业 3.0 模式，对农业生产的个性化和安全性提出了更高的要求，有利于提升农产品质量，实现我国农产品优化；互联网、物联网、大数据等先进技术的介入，实现了对农业运营全流程的智能化、信息化再造，从而推动农业发展由传统的劳动、资源密集型转向更具竞争力和可持续发展能力的资本、技术密集型。总而言之，农业 3.0 模式的生产端将是智能化、精准化、定制化的，同时整个链条的产业化和组织化程度将不断加强，这与农业 2.0 的模式相比将是革命性的变革，在整个产业链的革命性重构中蕴含巨大的投资机会。

一、农业 3.0 模式形成的背景

随着农业供给侧结构性改革的实施，一种以农业产品为纽带，以互联网、物联网等信息技术为手段，融合农业生产、交易、流通、金融等产业要素实现"按需定制"的"农业 3.0 模式"正在形成。它将推动农业产业全面升级，实现农业经济要素与经济动力重构。要使这个模式在我国成为主流，不仅需要全力提升农业生产力，更需加快深层次体制改革，尽快打破现有的土地制度、农业生产组织方式等限制，尽快推出一套完整的、体现国情的、为国人所接受并主动配合实施的新型土地制度。

互联网技术正在重塑农业的生产方式与产业形态，一种全新的农业经济组织模式（即"农业 3.0 模式"）正在形成。虽然农业在我国国民经济中占据基础性地位，但我国农业生产效率不高，耕地红线压力不断加大，粮食安全问题日显突出。尤其在世界主要产粮国进一步强化对粮食出口的政治干预，"粮食武器"已成为个别国家牵制我国的新型手段，如何充分利用农业 3.0 模式提升我国农业的保障力与竞争力，

以实现农业在细分领域的赶超，不仅关系到民众的切身利益，更关乎我国未来的整体发展大局。

二、农业 3.0 模式的内涵

农业 3.0 模式，即以农业产品为纽带，以互联网、物联网等信息技术为手段，以环境的可持续发展和资源承受能力的再生为前提，融合农业生产、交易、流通、金融等产业要素，实施"订单式"销售，实现"按需定制模式"。简言之，农业 3.0 模式，是让产品从生产开始即与需求直接挂钩，是农业实体经济与虚拟经济相互交融的更高级的农业经济组织模式，这可说是对传统农业产业链的整体性、系统性、颠覆式再造。

农业 3.0 模式是整体性而非碎片化的互联网应用。农业 3.0 模式并非简单地将互联网技术应用在传统农业生产的单一环节上，实现农产品在互联网平台上的销售，而是从生产入手，构建起在互联网技术支持下的农业经济组织的新模式。所以，这是实现农业全产业链的应用。另外，农业 3.0 模式是系统性而非叠加式的互联网应用。它并非简单地应用互联网技术，而是通过互联网技术改造农业经济组织模式，实现农业生产经营流程的再造。换言之，农业 3.0 模式实现了农业生产经营各环节之间相互促进的"1+1>2"的系统性成效，所以说它是"以信息技术支撑起的农业生态体系"。毋庸置疑，以信息技术支撑起的农业 3.0 模式，将引发我国农业各环节的变革，这些环节包括生产方式、交易流通方式以及融资方式。

（一）生产方式

农业 3.0 模式将促使农业经济发展所依托的生产要素结构升级，实现其从依托劳动力要素向依托资本与科技要素的转变。农业 1.0 模式是以体力劳动为主要生产方式的个体小农经济，劳动力是关键要素；农业 2.0 模式是以机械化耕作为主导的规模化经济，农业机械是关键要素；农业 3.0 模式是以信息化手段实现农业经济发展的新阶段，智能化信息技术是关键要素。

（二）交易流通方式

在农业 1.0 阶段，采取分散"购销式"销售，其交易特征是终端销售，产品由生产者先售给终端商后再由终端商售给消费者，由于通过销售环节将消费者的诉求反馈给生产者的信息是滞后和发散式的，生产者很难科学地做出生产决策，所以生产者看重"以往经验"。

到了农业 2.0 阶段，采取网上"中介式"销售，其交易特征是实现了销售产品在"空中转移"，实质上是将终端产品的"照片"通过网络渠道销售给消费者，仍未实现"生产者与消费者"的直接对接，这种销售方式在一定程度上降低了生产者的盈利空间。而进入农业 3.0 阶段，采取供应链"订单式"销售，其交易特征是实现了"按需定制模式"，它借助移动互联网技术让产品从生产开始即与需求直接挂钩，这就从根本上消除了农业 1.0 和 2.0 模式下由于信息不对称所造成的市场调节失灵的弊端，为构建起生产者对产品质量、对消费者负责的追溯机制奠定了基础。

（三）融资方式

众所周知，农业金融服务功能的严重滞后，早已成了制约我国农业生产力发展的一大瓶颈。在农业 1.0 和 2.0 阶段，由于缺少固定资产抵押物、担保以及信贷主体资金实力弱等原因，农业发展缓慢。在农业 3.0 阶段，能够借助互联网金融手段对农业主体发挥支撑作用。

当然，这种支撑作用离不开国家对土地制度的系统性创新，也离不开国家对农村金融体系的改革和重建，更离不开未来国家土地银行的巨大支持。

三、农业 3.0 模式的意义

由上述分析可知，农业 3.0 模式必将推动我国农业的战略性重构，推动农业产业全面升级，实现农业经济要素重构，以结构升级带动消费升级，实现农业经济动力重构，进而改变国家传统的补贴方式，实现农业投资模式重构。具体而言，"按需定制模式"要求生产者响应个性化以及对食品安全的需求，在客观上推动农业产品升级；农业科技手段尤其互联网信息技术的介入，推动了农业经济活动实现在经济活动层次上的升级。由此，农业将实现从劳动密集型向资本和技术密集型的转型升级。

农业 3.0 模式最大意义在于实行"按需定制模式"。该模式因其打通消费者与生产者之间的关系而使生产者可以提前进入消费端，这为生产者和消费者直接提供个性化的生产与服务创造了难得的机遇，将从外部助推消费提供强大的动能。这必将对重构我国农业经济动能产生积极作用。

在农业 3.0 模式下，农业产业通过市场配置资源和市场拉动消费需求而获得有力支持，农产品将会因其具备高附加值、健康、安全的新属性而获得高溢价，农业投资将会因此获得社会资本的吸引力。未来国家可能会因此改变对农业长期实行的"输血型"投入模式，农业投资将由此实现由输血向造血的转变，就此构建起可持续发展的农业产业体系。

据此，可以考虑选择重点省作为农业 3.0 模式的首推地，比如将黑龙江省作为农业 3.0 模式的首推地。黑龙江省在耕地面积、粮食播种面积、粮食总产量、人均耕地、人均售粮等指标居于东北主产区首位，还有不少指标位居全国前列，因此其农业产业升级步伐关系到国家的粮食安全大局。但就总体而言，黑龙江还处于加快农业 2.0 的阶段，农业基础条件与发展水平等方面仍然存在许多需要改进的地方，大可通过实施农业 3.0 模式来进一步激发其发展活力。

当然，推动农业 3.0 模式需要加快深层次体制改革。农业 3.0 模式虽然是发展大势，但就客观现实而言，我国的农业还基本上处在"改造 1.0、普及 2.0、示范 3.0"的阶段。农业 3.0 模式能否尽快成为主流，不仅需要全力提升农业生产力，还需要尽快打破现有的土地制度、农业生产组织方式等限制，尽速推出一套完整的、体现我国国情的、为国人所接受并主动配合实施的新型土地制度。

四、农业 3.0 模式的发展状况

经过粗放型农业到集约型农业的发展，农业正在向智能化时代——农业 3.0 时代发展。该时代中，公司层面将出现超级巨头，整合种子、植保、种植、数据分析渠道、采购等资源，构建农业生产一站式服务平台；产品层面将完全实现安全、环保、高效、囊括信息、咨询、数据终端等多样化服务，满足农民在种植过程中的所有需求；行业资源整合达到空前高度。

（一）种子和性状领域

2013 年，种子市场价值达到 450 亿美元，有机构预测该市场 2013—2018 年的复合增长率将达到 12.1%。与此相对应的是转基因作物的市场扩张，到 2013 年，全球转基因作物种植面积已达 1.75 亿公顷，转基因种子销售额占全球种子销售的 35%，达 156 亿美元。这当中，除生物技术发展、粮食需求等外因的影响，跨国公司向生物技术中的战略转移无疑起到了极大的推动作用。

以种子和性状领域排名第一位的孟山都为例，该公司 2013 年实现销售收入 148 亿美元，其中 70% 的收入来自种子业务，达到 103 亿美元，30% 来自农化业务收入，为 45 亿美元。剖析孟山都 40 年来的发展路线，可以发现，在 1976 年实现除草剂农达商业化的时候，还是一家农化公司。1981 年，公司定位生物技术战略核心，并且在此后的 30 年，不断推出新型转基因种子。与此同时，公司围绕上述战略积极开展收购和剥离行动，发展至今已经垄断全球 90% 的转基因作物市场。可以说，将种子和农药组合的营销战略，是孟山都近年来发展的制胜战略。

其他公司同样积极布局种子和性状领域。下表 3-1 显示了近年来跨国公司在该领域的战略事件及战略品种，通过比较可以看出，在他们前赴后继投入这个领域的同时，没有忘记规避竞争的风险，针对不同作物实施产品差异化策略。比如，不同于粮食作物，先着力开发的是转基因蔬菜种子。

表 3-1 农化巨头在种子和性状领域的战略布局

公司	战略事件	战略品种
孟山都	2013 年耗资 3100 万美元打造 Woodland 全球种子研究中心	棉花、大豆、玉米
杜邦	2012 年 7 月先锋良种正式更名为杜邦良种	大豆、小麦、高粱、向日葵、紫花苜蓿
先正达	2013—2014 年收购 May Agro Seed 蔬菜培育项目及 ERDI 莴苣种质，增强其在蔬菜领域的地位	蔬菜种子
陶氏	2012—2013 年加大投资与合作，与孟山都互换专利权，推进玉米性状技术；2014 年以后又收购了位于美国、澳大利亚和巴西的三家种子公司，进一步加大其在种子领域的市场份额	玉米、高粱、大豆
拜耳	2006—2013 年不断加大投资、收购与合作，尤其是与 MS、孟山都、KeyGene 等的合作，进一步增强其在种子及生物技术领域的影响力	大豆、小麦、油菜

资料来源：网络

（二）植保领域

植保领域深为国内农化企业熟悉。2013 年该领域的市场价值为 580 亿美元，2012—2018 年将以 5.4% 的年复合增长率增长，2018 年将达到 713 亿美元。纵观近几年来跨国巨头在该领域中的战略思想及行动（表 3-2），可以总结出以下特点。

表3-2 农化巨头在植保领域的战略布局

农化巨头	战略布局
巴斯夫在中国和巴西扩建农化制剂工厂；先正达在瑞士完成精异丙甲草胺产能扩张；拜耳在美国兴建世界级草铵膦除草剂工厂；巴斯夫在美国扩大除草剂麦草畏和DMIA的生产规模	生产扩张
先正达在智利和墨西哥独家分销 Stockton 公司杀菌剂；孟山都指定中化集团为澳新市场草甘膦独家经销商；拜耳将燕化永乐 80% 烯啶吡蚜酮；水分散粒剂纳入水稻方案	渠道共享
拜耳开展名为"Nimbus"的项目进行新活性物质的研发；先正达拓展大豆线虫抗性研究；巴斯夫将其植物生物技术研究扩展到真菌抗性；陶氏益农一种未命名的谷物杀菌剂可解决杀菌剂抗性问题	研发转移

资料来源：网络

1. 生产上实行策略性扩张：一方面在欧美等传统农化市场扩大了包括草铵膦、麦草畏等产品的原药产能；另一方面，在新兴市场（如巴西、中国）扩大制剂产能，以应对市场快速的发展。

2. 渠道上实行共享：这里的渠道共享，不仅仅是指我共享你的渠道，6 大公司也将别人的产品纳入自己的产品线，将自己的渠道共享给别人，目的只有一个：为客户提供更好的产品和作物解决方案。燕化永乐是一个很好的范例，他们防治水稻飞虱的产品近期被纳入了拜耳的水稻解决方案。

3. 研发重点的转移：随着新化合物开发的日渐困难，6 大公司开始更多专注于应用领域的研发。例如，解决农药抗性问题，通过新剂型的研发，优化农药使用过程中的效率等。剂型研发和应用研发，也是中国企业竞争短板。

（三）生物农药领域

生物农药是近几年在环保呼声中兴起的新兴行业。由于生物农药无残留，对环境友好，与化学农药联合使用逐渐成为作物保护的发展趋势。机构预测该领域 2012—2018 年的复合增长率将达到 15.8%，2018 年将达 37 亿美元，其增长率远远高于植保领域。

近年来，农化巨头通过新一轮的公司收购，快速进入这个领域。2012 年，生物农药行业收购风起云涌，三家农化巨头拜耳、巴斯夫、先正达各自收购了 AgraQuest、BeckerUnderwood 和 Pasteuria 生物科学三家生物农药公司，大规模进军生物农药领域。2013 年，孟山都与诺维信建立生物农业解决方案战略联盟，结成了深度的合作关系。2014 年，这一趋势依然在延续，拜耳成功收购阿根廷种子处理生物解决方案。

（四）种子处理领域

种子处理是从传统植保领域中细分出来的一个领域。在作物生长的原点就采取强大的保护措施，保证后续作物生长这一理念已经越来越被农民们接受。该领域 2012—2018 年将以 92% 的复合增长率增长，2018 年达到 445 亿美元。

2013 年，在海外登记上市的部分种子处理剂包括一些三唑类、酰胺类、氨基甲酸酯类、吡啶类的杀菌剂和新烟碱类，二酰胺类、吡唑类的杀虫剂。我国近年来登记前 5 位的种子处理剂品种为吡虫啉、噻虫嗪、氟虫腈、苯醚甲环唑、戊唑醇，对照之下可以看出不同市场、不同产品的开发思路。

五、农业 3.0 模式的发展前景

作为传统农业大国，我国农业正面临着农产品库存压力增大、供需结构失衡、产品价格过高、外来农产品冲击严重等诸多问题，这些问题制约了农业现代化的进程。农业 3.0 模式的出现，有利于优化我国粮食的供给效率、质量和结构，实现农产品供需两端的高效连接匹配，增强农业整体竞争力，打造农业细分领域的竞争优势。农业 3.0 模式不是在传统农业产业链的某个碎片化环节中应用互联网技术，通过互联网平台对农产品进行销售；而是以互联网思维、模式和技术，打造农业经济组织新模式，提升生产、交易、流通和金融等农业全产业链能力；以信息技术支撑起农业生态体系，并对产业链各环节进行优化重塑与整合，获得 1+1=2 的系统性价值，不断推进农业现代化发展的进程。

农业现代化是以更先进的技术装备、产业思维、经营模式、发展理念等对传统农业形态进行颠覆式重塑，提高农业的机械化、信息化和智能化水平，优化农业整体产业结构和效能，打造具备长效竞争力和发展力的新型农业经济模式。农业现代化的一个重要目标就是提升农业产业的效能，实现高产、优质和高效。生产的专业化、组织的合理化、流通的国际化，成为现代农业发展运营不可或缺的"三要素"。从当前来看，政府顶层设计和电商行业的不断发展是我国不断实行新型农业经济模式——农业 3.0 模式的主要推动力量。

（一）利用大数据技术建立农产品安全模型

通过大数据分析实现精准化的采购与供应，增强农产品的供给质量和效率。同时，还为广大农户提供农业技术在线咨询、低息贷款、种植保险等多种服务，有效化解了农业生产中的各种问题。

（二）在农业生产中，深度融入先进的科学技术

通过科技的力量重塑传统农业的生产运作方式，降低生产成本，提升产品安全和质量，增强农业整体产业链的国际竞争力和可持续发展能力。

（三）在生产经营上，通过大数据分析，对农产品需求市场进行细分

精准定位目标用户和多元化需求，从而提高营销的针对性和有效性；借助各种线上实时交互平台和工具，生产者还能够与用户进行深度交互，及时准确把握用户的需求，不断优化完善产品与服务质量。例如，线上团购、品牌营销、"抢先购"、订单模式和O2O多平台营销模式等，都是"互联网＋农业"的创新性农产品营销形态。

1. 团购平台：团购平台有助于在短时间内消化滞销的农产品，在加快资金流转速度方面具有较大的优势；农产品订单模式"按需生产"，根据用户需求进行精准化的农产品生产，并实现集约化物流运输，减少了库存和运输成本，避免因长时间滞留造成农产品腐烂变质而导致的损失。

2. "抢先购"模式：让消费者能够提前消费农产品，并约定好交易价格，既规避了各种可能的纠纷，又促进了产品销售。

3. O2O多平台营销：借助互联网强大的连接整合能力，实现生产者与消费者的直接对接，从而实时全方位地服务于大规模分散的农产品用户。

4. 品牌营销：品牌营销是特色农产品通过建立线上旗舰店的方式进行产品销售，在此过程中依靠优质的产品和服务逐步赢得消费者的信任和青睐，从而塑造出自身品牌，吸引和留住更多的消费者不断进行产品消费。

（四）整合线上线下资源，对农业产业链全流程进行再造重塑

利用大数据技术提升农业经营的精准性和效率，降低经营成本，实现农业的信息化、互联网化转型升级。目前，市场对产品需求已超过了产品功能本身，农业3.0模式为拓展基于产品的全产业链的服务整合能力。传统农产品加工企业在利好的政策下不断做大做强，新兴产业资本不断涌入，适度规模化农业经营模式得以建立和推广，新知识农民不断探索互联网农业新模式，新兴农业市场主体快速崛起。营销推广、品牌塑造、金融创新、渠道开拓和专业物流等农业产业链不同环节的更多创新性服务形态正不断兴起，对传统农业产业系统形成了颠覆性重构。农业3.0模式的形成实现了农业公司、农场、加工厂、仓库、运输配送公司、外部供应商、渠道商、零售商、农户和用户等各环节的互联、互通和互融。更加细化生产分工、产业分工、市场分工等专业化过程，并以此形成分工明确、高效协同的全产业链一体化运作模式；又处处包含着对分散化、碎片化资源与环节的整合，从而打造新的组织运作形态，提高产业效率。实现农产品加工企业工业园、种植、加工、销售一体化，三产业有机融合。

第二节　从农业 1.0 到农业 3.0 的时代历程

农业 1.0 模式是基于劳动力要素的个体小农经济生产方式；农业 2.0 模式是机械化流水线的规模化经济生产方式；农业 3.0 模式则是以智能化信息技术为关键要素的农业发展的更高阶段，是"创新、协调、绿色、开放、共享"五大发展理念指导下的全新的农业生产方式和产业形态，而"按需定制"的农业 3.0 模式则可以把零散的农产品生产有效连接起来，实现分散生产的规模化。

一、农业模式

（一）农业 1.0 模式

农业 1.0 时代，是指以人力与畜力为主的传统农业时代。农业 1.0 是人力与畜力为主的传统农业，是农业社会的产物。在农业社会漫长的发展过程中，人类最重要的劳动工具是用以开发土地资源的各种简单手工工具和畜力，它们是对人类体力劳动的有限缓解，但并没有从根本上把人类的生产活动从繁重的体力劳动中解放出来。纵观人类社会的发展，尽管生产工具从早期的石器、青铜器发展到后来的铁器，但从整体来讲，农业社会生产工具仍然是初级工具，它只是人体局部功能的有限延伸。农业 1.0 是以体力劳动为主的小农经济时代，依靠个人体力劳动及畜力劳动，人们根据经验来判断农时，利用简单的工具和畜力来耕种，主要以小规模的一家一户为单元从事生产，生产规模较小，生产技术和经营管理水平较为落后，抗御自然灾害能力差，农业生态系统功效低，商品经济属性较薄弱。农业 1.0 时代，传统农业技术的精华在国内农业生产方面产生过积极的影响，但随着时代进步，这种小农体制逐渐制约了生产力的发展。这个阶段主要以"产量高"为目标，虽然比起现在动辄成千上万亩的农业项目来说大多还是小打小闹，但是却为农业产业化奠定了基础。

（二）农业 2.0 模式

农业 2.0 时代是指以机械化为主的农业生产时代。以 1765 年蒸汽机的发明和使用为标志，人类社会的生产工具得到了革命性的发展，人类发明和使用了以能量转换工具为特征的新的劳动工具，机器代替手工工具，标志着人类工业社会的开始。在 300 多年的工业社会历程中，能量转换的工具实现了机械化和电气化 2 次历史性的飞跃，对人类社会生产及生活产生了极为深远的影响。与此同时，伴随着工业革命的发展，农业机械化工具不断出现，这直接催生了农业 2.0，与农业 1.0 的手工和畜力工具相比，农业装备开始在农业广泛应用。农业 2.0 是以"农场"为标志的大规模农业，是以机械化生产为主、适度经营的"种养植大户"时代。农业 2.0 也被称作机械化农业，以机械化生产为主，运用先进适用的输入性动力农业机械代替人力、畜力生产工具，改善了"面朝黄土背朝天"的农业生产条件，将落后低效的传统生产方式转变为先进高效的大规模生产方式，大幅提高了劳动生产率和农业生产力水平。

中国农业 2.0 时代以企业为主体推动力量，农业产业化一方面保持了家庭联产承包制的稳定，同时又通过延长产业链，发挥一体化组织的协调功能，在一个产品、一个产业、一个区域内形成了产品规模、产业规模和区域规模；另一方面在更大范围内和更高层次上实现农业资源的优化配置和生产要素的重新组合，提高了农业的比较效益，有利于在家庭经营的基础上，逐步实现农业生产的专业化、商品化和社会化。这个阶段以"产值高"为目标，主要表现在农副产品精深加工企业或食品制造企业向产业上游延伸，或者农业生产企业向产业下游延伸，提供给市场的已经不是初级农产品，而是加工后的农副产品或者食品。可以说，农业的 2.0 时代其实就是"一产＋二产"的主流时代，农业 2.0 追求的是农业产值的"大"。目前，中国农业机械化水平已经达到 65%，接近完成农业 2.0，开始向农业 3.0 迈进。

（三）农业 3.0 模式

农业 3.0 时代是高速发展的自动化农业时代。农业 3.0 是农业专业化整合时代，专业化整合是市场经济的产物，也可以说是全球化的产物。随着计算机、电子及通信等现代信息技术以及自动化装备在农业中的应用逐渐增多，农业步入 3.0 模式。农业 3.0 即信息化农业，是以现代信息技术的应用和局部生产作业自动化、智能化为主要特征的农业。通过加强农村广播电视网、电信网和计算机网等信息基础设施建设，充分开发和利用信息资源，构建信息服务体系促进信息交流和知识共享，使现代信息技术和智能农业装备在农业生产、经营、管理、服务等各方面实现普及应用。与机械化农业相比，自动化程度更高，资源利用率、土地产出率、劳动生产率更大。在"三率"大幅提高的基础上，农业 3.0 产出的主要是优美的乡村环境和可靠放心的农产品。政府不仅取消了存在了几千年的农业税，而且直接利用财政资金改善了农村的道路、水电、村容村貌等硬件环境，全国范围内的知名新农村、新社区、美丽乡村、五星级农家乐、休闲农业示范点、乡村旅游名村等如雨后春笋般崛起。可以说，农业的 3.0 时代其实就是"一产＋三产"的主流时代，农业 3.0 追求的是经营模式的"新"。从国内情况看，农业 3.0 已经在萌芽，按照 70% 的覆盖率，预计 2050 年可完成农业 3.0。农业 3.0 以单一信息技术应用为主要特征，近几年，国内农业互联网、农业电子商务、农业电子政务、农业信息服务取得了重大进展。

二、从农业 1.0 模式到农业 3.0 模式的农业革命

农业 3.0 时代是当今世界农业发展的新趋势，以互联网为媒介，将网络科技深度融于农资流通、农作物种植管理、农产品运输销售等各个环节，实现农业的智能化、精准化、定制化。

农业代际演进是一个漫长的渐进过程，技术的发展和商业模式的演替，不断推动农业从低代际向高代际发展，各代际的影响程度相应呈现此消彼长。当某一代际发展演进到一定程度时，量变引起质变，自然进入下一代际，从而实现农业代际的动态跃迁。农业 3.0 是以物联网、大数据、人工智能、机器人等技术为支撑和手段的一种高度集约、高度精准、高度智能、高度协同、高度生态的现代农业形态，是继传统农业、机械化农业、自动化农业之后的更高阶段的农业发展阶段，即智能农业。

中国的农业之所以不够强，主要原因集中在一个字——"穷"，而造成穷的主要原因是生产力发展遇到了瓶颈，即 1.0 模式的小农体制制约生产力发展。

现行的生产力立足于土地家庭承包责任制，是一种依靠个人体力劳动的 1.0 经营模式，在 30 多年前确实起到了积极作用，随着农业现代化的发展，国内也出现了大型机械的农场，进入 2.0 模式。但是，国外发达国家已经由高度自动化、机械化精确生产模式（农业 3.0 模式）向融合互联网的高度智能化的 4.0 模式进化，无论是 1.0 还是 2.0 模式，中国根本无法与之抗衡。

1.0 模式小农体制还"制造"了一个弊端：农业流通体系不发达。《舌尖上的中国》告诉我们一个怪现象，越是好的农产品，越是出现在偏远的山里村里，那里没有污染，但是没有多少销路；越是畅销的，在农贸市场或超市里伸手就能买到的，多多少少都有质量安全问题，要么化肥超标、农药残留，要么过期变质。1.0 模式，从客观上抑制了农业产业链的效率，农业的生产、销售、加工、运输等产业环节处于一种割据、分散的状态，大大降低了农业流通效率，抑制了农业增收潜力。

农业要彻底摘掉"穷"帽子，需从源头抓起，突破生产力的瓶颈，激发农业活力。随着土地流转制度深入，农业必须与互联网跨界融合，实现从农业 1.0、2.0 到农业 3.0、4.0 的生产力革命。简而言之，必须把土地适度集中起来，拥抱农业互联网革命。从世界发达国家来看，这场革命已经在以下几个领域内进行。

（一）生产领域革命，农业生产采用 IOT 技术以实现精确生产

美国 80% 的大农场已经普及了农业 IOT 技术，农场主通过高度自动化的大型农业机械设施，3 个人可以完成 1 万英亩土地的管理和玉米收割，效率大大超越人力。

追溯历史可以发现，早在 20 世纪 80 年代，美国就提出精确农业的构想，20 世纪 90 年代初，全球定位系统应用到农业生产领域，随着信息技术的普及，美国农业物联网有了长足的进步。在全球范围内，美国在利用物联网科技促进智能、精准农业上处于领导地位。

美国农业软件公司 onFarm 创始人兰斯·多尼曾经透露，美国大农场对物联网设备技术的采用率高达 80%；预计到 2020 年，美国平均每个农场将拥有 50 台连接设备。中国大大落后于美国，我们是从 2011 年，在政府推行下，开始尝试农业物联网试点工程。

（二）流通领域革命，农业流通采用电子商务技术，创新农业流通模式

早在 20 世纪 80 年代，美国就开始尝试农业 EDI 电商，随着 90 年代互联网商业化浪潮，农产品电子商务异军突起，覆盖全球的互联网带给农业经营主体越来越大的经济效益，对美国农业经营效益的转型有很大帮助。中国发展相对滞后，但是增长空间和速度毫不逊色。

如果我们再进一步思考国外的现代农业情况，很容易发现一点，由于互联网基因的强力渗透，农业生产力的三要素：劳动者、劳动工具和劳动对象均已发生本质性变化。

1. 劳动者

从劳动力来看，站在田间的不再是传统的农民而是网络新农人，他们很多都是白领骨干、社会精英，掌握先进知识和技术，以公司为主体，具备现代经营理念，全面地参与农林牧渔等产业生产和经营活动。

2. 劳动工具

从劳动工具来看，运行于土壤之上的不再是传统的农具和机械，而是通过 IOT 技术连接起来的自动化设备和机械。农业 IOT 是互联网的延伸和扩展，其核心和基础仍是互联网，只是信息交换的用户端通过传感器延伸到了土壤、大气、微生物、化学物质和自动化机械之间，并通过网络系统进行管理运行。

3. 劳动对象

从劳动对象来看，当前"零零散散"状态的土地制度不适应于 IOT 技术生产的要求，必须要集中起来，规模化经营；而土地生产的成果不再是化肥农药超标的普通的农产品，更多的是质量提高、产量提高的更接近自然的无公害产品。

三、从农业 1.0 模式到农业 3.0 模式的革命的驱动力

从上文可知，农业生产力的三要素已经彻底改变，这意味着一场深刻的革命即将到来。除了技术进步的客观因素之外，这场革命背后还有两个内在的驱动力：政府顶层设计和互联网产业。

（一）政府顶层设计的驱动

政府已把互联网当成解决农业问题的重要途径，正在通过互联网"倒逼"农业革命。解读近几年的农业文件，包括历年的中央一号文件到国务院以及各部门和地方政府制定的政策、法规、规划及意见，可以发现，在顶层设计中，互联网对于农业发展的重要性明显增强。

从发展现代物流、规模经营、电子商务、农业信息化、农业科技创新、农业综合服务平台建设工程，到信息服务进村入户，再到信息共享、互联互通，无不依赖于农业互联网的发展。因而，有关农业互联网的政策红利呈现越来越多的趋势。2015 年，一号文件更加明确地发出信号，"中国要强，农业必须强"，农业被赋予了强国的政治使命，因而农业互联网未来的前景更加广阔。

（二）互联网产业的驱动

政策利好催生了大量新兴网络科技企业投入到农业领域，互联网融合农业的趋势越演越烈。此外，在巨大的政策红利驱动下，互联网企业积极推进农业互联网发展。产业里涌现出大量新兴企业，包括农业物联网系统研发和集成、农业智能化机械制造、农产品溯源管理和农产品电商等。

电商领域的革命活动尤为活跃。在网络巨头企业推动下，"消费品下乡，农产品进城"双向流通体系逐渐形成。互联网正在突破阻碍生产力发展的第二个枷锁。阿里巴巴、京东和苏宁等公司提供资金、技术和人才，正在将"电商下乡"落实到行动，他们依靠企业现有资源和优势与政府及地方企业合作，在县、村建立运营体系，通过投资农村信息服务站建设，完善乡村配送体系，激活农村电商生态体系，创新农村代购服务，进而促进农民提高收入、增加就业。

从来没碰过电脑的农民接触互联网究竟有没有价值？农业部课题组对六省 1072 户农户的数据调研结果回答了这个问题。课题组发现接触互联网对提高农户家庭农业经营收入效果明显。其中，西部和中部地区被调查农户所在村比没有互联网信息的农户家庭农业经营收入分别高 21.9% 和 18.3%，比东部地区信息服务站的作用更为显著。张笑容在智慧农业论坛发布的《见龙在田：2015 年农业互联网发展研究》报告演讲中提到，这场跨界革命处于萌芽期，急需产业资本助力。

目前在国内，农业 1.0、农业 2.0、农业 3.0 并存，改造空间巨大。农业 IOT 技术改造生产，存在上万亿市场空间；农产品电商市场空间也达万亿量级。这对于互联网，对于中国农业，是天大的利好。目前来看，农业互联网在电商领域兵强马壮，农产品电商有望出现爆发式增长，农产品电商将打响革命的第一枪。5 年后，中国经济的支柱产业将不再是房地产，而是农业互联网。

第三节　农业 3.0 的主要特征

农业 3.0 就是借助互联网、物联网等信息化技术，打造以农产品为纽带，生产、交易、流通和金融等农业产业要素一体化的"订单式"产销模式，实现"按需定制"。农业 3.0 模式是对农业生产方式、交易流通方式和融资方式等全产业链的系统性再造，是利用互联网对农业生产要素的更优化配置和利用，能够推动我国农业产业结构的升级转型，打造农业发展的新引擎，增强我国农业产业的整体竞争力和持续发展力。

农业 3.0 模式的特征主要体现在"互联网 + 农业""智慧农业""创意农业""云农业"四个方面上。

一、"互联网 + 农业"

"互联网 + 农业"的创新模式主要包括以下五种路径：一是资本注入，强势打造新型农产品品牌和影响力，打造新型农产品品牌，增强我国农产品的溢价能力，适用于拥有雄厚资本实力、较强风险控制能力和渠道布局能力的互联网巨头企业；二是改造传统，用互联网思维创造农业经济的线下体验；三是全面下乡，涉农企业将渠道网络借助互联网进行升级，政府服务升级，对农户信息进行全面统计，规划未来蓝图；四是网络下沉，电商巨头抢滩农村市场"第二战场"，农村电商是"互联网 + 农业"的重要内容，有利于农产品"走出去"和资本、人才等资源"引进来"，促进农民增收和农业现代化转型升级；五是扎根基层，多渠道打造农村营销根据地。

农业 3.0 借助无线通信网络对农业生产过程进行实时感知、预警、分析、决策和远程指导，从而实现农业生产的精准化种植、可视化管理和智能化决策。通过信息技术的综合运用，为农业发展提供了有力的信息化基础支撑，并通过对农业信息和生产数据的收集、整合、分析与处理，实现了农业生产各环节的互联互通和深度融合。鼓励有条件的地区进行适度规模化经营，建立专业性的农业合作社，以适应内外部环境的新要求，通过技术、管理、运营和组织等多方面的系统性创新推进我国智慧农业的发展。

在精准把握农业企业品牌特征的基础上，寻找融合互联网的最佳切入点和创新点，以真正打造出更具影响力和价值创造力的"互联网 + 农业品牌"。

二、智慧农业

作为农业大国，中国农业发展正处于从传统农业向现代化农业的转型时期，充分利用现代信息技术加速农业转型尤为重要。中国当前加快农业信息化建设有 3 个重点：一是利用互联网传感技术，改变过去靠天吃饭的传统耕作方式，通过数据采集和分析，形成解决方案；二是利用云计算和大数据，掌握各类信息，快速、准确做出决策；三是利用信息技术，建立农业可追溯体系，使农产品更好地对接消费者。

"农业云"的实质，就是以信息化驱动农业发展现代化，为农业生产的各个环节提供支持，从而为"智慧农业"的发展插上翅膀。建设"农业云"意义重大，势在必行。未来中国政府一定会继续加大投入和资源整合的力度，加速农业大数据的应用。

所谓"智慧农业"就是充分应用现代信息技术，将计算机与网络技术、物联网技术、音视频技术、3S 技术、无线通信技术、传感系统及专家智慧与知识等先进的信息化技术成果充分应用到农业生产运营中，构建包含可视化远程诊断、远程控制和灾变预警等内容的农业智能管理系统，使农业生产更加精准、更具智慧。智慧农业更多的是从生产技术层面重塑传统农业形态，推动农业现代化，不过我国农业面临的另一个问题是产品附加值低、溢价能力弱，这需要通过农业的品牌化发展来解决。发展品牌农业，能够吸引更多资本、人才等参与到农业生产经营中，为拉近我国农业与其他产业的发展水平上的差距，推进农业的跨越式发展提供资本、技术、人力和管理等方面的支持。目前，从中央到地方的农业发展规划中，很难找到现代农业的品牌化发展规划。

在互联网时代大背景下，依靠单一的区域农业品牌并不能完全做大、做强区域整体农业产业，因此，需要打造具有强大竞争力和溢价力的区域农业品牌集群；需要充分利用互联网思维和模式，基于区域农业特色产业和农业文化特质，打造"区域互联网 + 农业品牌"。借助互联网平台塑造和扩散区域农产品品牌影响力，使其成为当地农业企业品牌的背书品牌，加快区域农业的产业化和市场化进程；借助互联网在生产、营销渠道、品牌传播、营销服务和用户关系维护等方面的优势，挖掘更多的品牌创新点和增值点，从而推动区域农业品牌升级，获得更多的品牌溢价。例如，以农业企业和农业合作社为主的农业品牌；以农业生产化企业为主的农业产业化品牌；以农业技术、饮料、肥料和农药等为主的服务支持型农业品牌；以新农人为主的创业型农业品牌。

智慧农业是农业生产的高级阶段，是集新兴的互联网、移动互联网、云计算和物联网技术为一体，依托部署在农业生产现场的各种传感节点（环境温湿度、土壤水分、二氧化碳、图像等）和无线通信网络实现农业生产环境的智能感知、智能预警、智能决策、智能分析、专家在线指导，为农业生产提供精准化种植、可视化管理、智能化决策。

"智慧农业"是云计算、传感网、3S 等多种信息技术在农业中综合、全面地应用，实现更完备的信息化基础支撑、更透彻的农业信息感知、更集中的数据资源、更广泛的互联互通、更深入的智能控制、更贴心的公众服务。"智慧农业"与现代生物技术、种植技术等高新技术融合于一体，对建设世界水平农业具有重要意义。

智慧农业是物联网技术在现代农业领域的应用，主要有监控功能系统、监测功能系统、实时图像与视频监控三种功能。

（一）监控功能系统

根据无线网络获取的植物生长环境信息，如监测土壤水分、土壤温度、空气温度、空气湿度、光照强度、植物养分含量等参数。其他参数也可以选配，如土壤中的 pH、电导率等。信息收集，负责接收无线感知汇聚节点发来的数据、存储、显示和数据管理，实现所有基地测试点信息的获取、管理、动态显示和分析处理，以直观的图表和曲线的方式显示给用户，并根据以上各类信息的反馈，对农业园区进行自动灌溉、自动降温、自动卷模、自动液体肥料施肥、自动喷药等自动控制。

（二）监测功能系统

在农业园区内实现自动信息检测与控制，通过配备无线传感节点，太阳能供电系统、信息采集和信息路由设备配备无线传感传输系统，每个基点配置无线传感节点，每个无线智能控制系统传感节点可监测土壤水分、土壤温度、空气温度、空气湿度、光照强度、植物养分含量等参数。根据种植作物的需求提供各种声光报警信息和短信报警信息。

（三）实时图像与视频监控功能

农业物联网的基本概念，是实现农业上作物与环境、土壤及肥力间的物物相联的关系网络，通过多维信息与多层次处理，实现农作物的最佳生长环境调理及施肥管理。但是作为管理农业生产的人员而言，仅仅数值化的物物相联，并不能完全营造作物最佳生长条件。视频与图像监控为物与物之间的关联提供了更直观的表达方式。比如哪块地缺水了，从物联网单层数据上仅仅能看到水分数据偏低，应该灌溉到什么程度，但不能死搬硬套地仅仅根据这一个数据来做决策。因为农业生产环境的不均匀性决定了农业信息获取上的先天性弊端，而很难从单纯的技术手段上进行突破。视频监控的引用，直观地反映了农作物生产的实时状态，引入视频图像与图像处理，既可直观反映一些作物的长势，也可以侧面反映出作物生长的整体状态及营养水平，可以从整体上给农户提供更加科学的种植决策理论依据。

三、创意农业

创意农业是一种通过创意生产，赋予农产品更高附加值的新型农业生产经营模式。通过对资源的更优配置和利用，实现农业产前、产中和产后各环节的互联、互通与深度融合，并将文化、艺术创意等融入农产品生产经营中，使农产品获得更高附加值。

精准把握市场需求和动向，发展受市场青睐的农业产品或乡村休闲活动。拓展农业产业链的广度和深度，实现农业产业的优化升级和创意发展，获取更多的附加值。通过适度规模经营、高度集约化管理等方式，提高农产品生产的运营效率，优化农业产业的流程，增强农业全产业链的竞争力。一些企业还在休闲农庄中开展团队精神培训、创造性培训等项目，并取得了在公司封闭的会议室中无法达到的培训效果。20 世纪 90 年代，日本农业专家今村奈良臣提出了"第六产业"概念，鼓励农户在农作物种植（第一产业）的基础上进行农产品加工（第二产业），并积极开展农产品及其加工产品的营销和相关服务（第三产业），以借助三个产业的有机融合，提高农业的附加值，拓展农业和农村发展的新路径。

四、云农业

2017 年 7 月 10 日，国务院总理李克强在陕西杨凌考察时说，农业既要靠天更要靠"云"，即依靠互联网的"农业云"。在转变农业发展方式、推进农业现代化的过程中，"农业云"起到了举足轻重的作用。打开手机里的"智慧农业"App，种植基地内湿度、温度等信息一览无余，点击操作，就能远程为果树浇水施肥。

所谓"农业云"，就是依靠云计算、物联网、大数据等现代信息技术，对农业生产、经营、管理、服务等各个环节的数据信息进行深度整合，实现农业生产智能化、经营网络化、产业管理高效化和服务便捷化。"农业云"的产生和发展是农业进入 3.0 时代的重要标志。从以体力劳动为主的农业 1.0 时代，到以机械化生产为主、适度经营的农业 2.0 时代，再到以互联网和现代科学技术为主要特征的农业 3.0 时代，这一变化令人欣喜。

在生产环节，从前农民种地靠经验，"凭感觉"给庄稼施肥、灌溉、打药；有了"农业云"，原有的经验化农业生产变成了可测量、可视化、科学化的模式。"云"成为农业生产中的"千里眼"。"农业云"除了能够提供精准化的海量数据，为农业生产提供科学依据，还能依靠其全方位的信息流，打破农业上下游产业屏障，成为农业销售的"顺风耳"。

2017年7月，世界芒果大会在广西举办。提前两个月，就有买家四处打听各种芒果品种的价格。当地一家电子商务公司得知后，通过广西农产品贸易网对外发布消息，很快就收到回复，促成大笔订单。有了"农业云"的互联互通，农产品的销路不再发愁。

第四章　"互联网+"农产品

第一节　农产品电商：农产品销售新模式

强调自由、开放和平等的互联网，在信息传播方面展现出了前所未有的能量，将各种各样的需求及交易信息聚集起来，产生极强的影响力，从而发挥出长尾效应。对于农业企业而言，发展电子商务是其在当下互联网时代完成转型升级、强化供应链管理、拓展产业链的深度及广度、实现价值最大化的最佳手段。电子商务对涉农企业的促进作用主要表现在以下四个方面：

（1）减少产品生产的盲目性。由于传统模式中农业产业链相对较长而且十分复杂，在利益的驱动下，信息传播收到明显限制，这给企业的生产工作带来了严重的困扰，许多企业往往要承受较大的库存压力。而借助以互联网为核心的电商模式，农业企业可以实时掌握市场中的动态信息，有效避免盲目生产。

（2）提升生产及运营效率，控制成本。电商与农业的结合，可以让企业在线上实时发布并获取信息，更加合理地配置资源，实现各个部门业务的有效协同。同时，供应链中的参与者都能在互联网中得到自己需要的相关信息，减少了大量中间环节，使企业可以与农户直接交流沟通并完成交易，大幅度提升了交易效率，并有效降低了生产及运营成本。

（3）打破时间与空间的限制。在农业电商模式中，交易双方可以通过移动互联网完成实时沟通交流，并在世界范围内建立起庞大的交易网络，从而使企业突破现有市场格局的限制，与农户共同打造开放、稳定和有序的农业市场。

（4）实现农产品流通的规模化。借助农业电商运营平台，那些交易规模小、批量低的农产品可以实现规模化及组织化。农户的产品也可以统一交给配送中心完成交易，从而更好地保证产品质量，减少企业交易成本。

一、农产品电子商务

（一）电子商务

电子商务（Electronic Commerce，EC 或 Electronic Business，EB）起步于 20 世纪 90 年代后电子数据交换技术的成熟，最初指的是"在计算机与通信网络基础上，利用电子工具实现商业交换和行政作业的全过程"。

1997 年，在巴黎举行的世界电子商务会议（The World Business Agenda for Electronic Commerce）上发布了电子商务的概念以商务方式来界定：电子商务是指实现整个贸易活动的电子化，即交易的各方以电子贸易的方式进行的任何形式的商业交易活动。电子商务发展二十多年来，各国政府、国际组织、学者、企业界从不同的角度定义其概念，我国《电子商务基本术语》（CGB/T 18811—2012）认为：电子商务是指以电子形式进行的商务活动。它在供应商、消费者、政府机构和其他业务伙伴之间通过任一电子方式（如电子邮件、报文、万维网技术、电子公告牌、智能卡、电子资金转账、电子数据交换、数据自动采集技术等）实现标准化的、非结构化或结构化的业务信息共享，以管理和执行商业、行政和消费活动中的交易。

（二）农产品电子商务

农产品电子商务（Agriculture E-Commerce）是电子商务的一个组成部分，是指农产品生产加工与销售配送过程中全面导入电子商务系统，利用信息技术与网络技术，在网上进行信息收集、整理、传递与发布，同时依托生产基地与物流配送系统，在网上完成产品或服务的购买、销售和电子支付等业务的过程。

农产品电子商务是对传统交易模式的变革，是一种全新的商务活动模式，也是一种新的农产品交易制度安排，将电子商务方式应用于农产品是农产品销售得以飞速发展的契机。农产品电子商务与非农产品电子商务有本质方面的区别，因为农产品具有季节性、易腐性、难标准化、质量隐匿性、效用滞后性、价格有限性和测定毁灭性等特点。因此，农产品电子商务面临着农村信息化基础设施发展滞后、农业生产者电子商务理论与操作能力滞后、物流和平台建设是阻碍农产品电子商务发展的主要因素以及模式的选择困境等。发展农产品电子商务刻不容缓，如何解决这些困难，还需要针对障碍——开展。

二、农产品电子商务的理论支撑

（一）电子商务平台理论

无论哪种电子商务模式，都需要通过电子商务平台来进行，电子商务平台的发展始于 20 世纪 80 年代基于 VAN 的 EDI 服务，这个时期的电子市场是封闭式的，建设与维护成本昂贵。网络技术的出现导致 20 世纪 90 年代早期"宣传册"式 WEB 站点的诞生，但交易最终还只能借助于传统渠道完成。今天的电子商务平台已经发展成为一个建立在互联网上的商务平台，它把不同的企业（买方和卖方）聚集到一个虚拟的空间进行商务活动。被同时聚集到这个网络中心站点的还包括金融组织、物流企业以及税收和行政管理等政府部门。

一个完整的电子商务经济行为需要电子商务平台、支付平台、物流配送平台共同服务才能完成交易。模块化分工使企业更专注于核心功能，而把资产专用性高的其他服务或产品分别给其他企业模块化治理。一般来讲，完整的电子商务平台应该包括搜寻平台、支付平台、物流配送平台，但是核心平台只是把物流配送平台模块化，物流配送平台通过核心平台"看得见的设计规则"和自己"看不见的设计规则"模块化市场运作。而对于支付平台，都倾向于一体化治理。由于电子商务平台"B to C"和"C to C"交易具有较强的网络外部性，而电子商务支付平台依附于电子商务平台，因此，电子商务支付平台具有同等较强的网络外部性。除此之外，由于大规模的客户基数，又会形成路径依赖和马太效应，造成"赢家通吃，输家出局"的垄断格局，其他网上商城均会采用较强网络外部性的支付平台作为其支付工具。

（二）商业模式本体论

商业模式本体论是一种商业模式模型的构建方式，该模型具体包括核心能力、资源配置、价值主张、分销渠道、目标顾客、伙伴关系、客户关系、成本结构和盈利模式九个要素。

通过对以上九个要素以及各构成要素之间的联系的分析可知，商业模式应该回答以下 4 个方面的问题：①企业应如何确定目标顾客群以及为这一特定群体提供何种产品或服务；②如何获取为了创造或生产这一产品或服务所需要的能力与资源；③如何将产品或服务传递给目标顾客以及如何通过顾客收集对产品或服务的意见与建议；④如何确定提供产品或服务的成本及收益。由于九个要素模型完整地反映了企业的战略定位、运营过程和利润来源，且具有一定的操作性而得到了学者们的广泛认同。他的 Business Model Canvas（即商业模式画布游戏）作为一款能够直观呈现商业模式的工具，已经成为世界上诸多领先机构所重视及使用。

e3-value 是一种模拟性实验研究方法，由荷兰学者 Jaap Gordijn 和 Hans Akkermans 提出的一种从价值观点出发来描述分析商业模式体系结构的方法。专门针对电子商务，紧密结合商业模式，运用 IT 模型来构建清晰的商业模式模型，能够描述企业价值的产生和转移过程。该方法目前已经成功应用在很多领域，有很强的实践性。

基于 e3-value 本体论的电子商务模式的描述方法，包含了一系列的概念、关系和约束，用以描述商业模式中所涉及成员、成员间的关系、价值增加活动以及他们之间的价值界面。包括以下要素：运营商（actor）、价值对象（value object）、价值端口（value port）、价值界面（value interface）、价值交换（value exchange）、价值提供（value offering）、市场群体（market segment）、合作运营商（compositeactor）。

并将上述要素用于图示模型中，用来描述各参与者之间的电子商务活动，但是某些特殊的消费者的需求不能给出为了满足特殊的终端消费者需求的所有的价值交换。为此，e3- value 采用了一种被称为用例映射图（use case map）的情景技术（scenario technique），它表示由于一个终端消费者需求（被称为起始刺激）或其他价值交换所引发的价值交换情况。用例映射图建模主要有情景路径、刺激、情景路段、连接等元素。情景路径（scenario path）包括一个或多个情景路段，由连接元素、起始刺激（start stimuli）和终止刺激（stop stimuli）相连接。

三、农产品电子商务的具体应用模式

对于我国来说，农业在国民经济中占比例较大，通过逐年经济曲线分析可以看出，我国农业生产与发达国家的农业经济发展差异，主要体现在科学技术运用的力度及人才培养与管理等方面上。我国农业生产方式依旧是根据改革开放后建立的，分散经营管理成为主体，农产品交易多数依旧是单兵作战，农产品流通及加工等方面缺乏标准化、科学化与管理化等现象，产生了许多农产品食品安全的负面消息。在一些超市以及市场中，所采取的销售方法依然以传统的商品展示为主，并通过宣传的方法来吸引人们的目光，但是在这种模式下，却存在着成本较高以及过程比较复杂的特点。对于消费者来说，由于受到种类以及名目较多的影响，使得在实际中并不能快速掌握好重要的信息。所以想要促进我国农业电子商务实现快速地发展，就要综合好农产品在交易上的特点，同时还要总结好相关的经验与技术，这样才能满足我国的发展需求。

（一）农业信息服务模式

对于这一模式来说，就是在政府等组织占据主体地位的基础上，建立出完善的信息服务网络，以此来实现农业的生产以及销售，提供出有效的信息。借助服务平台以及互联网等，可以建立出"三电合一"的网络体系，同时也可以提高三农服务的效果，保证信息服务的及时有效，同时也可以将相关信息及时地发送到用户中，以此来满足农业的发展，实现农业生产结构的有效调整，保证产品的质量，提高流通的效果，增加经济的收入。

（二）电子商店模式

农户组织或是相对较小的企业借助自己的网站来提供相应的平台，同时还要在网站中展示出产品以及相关的信息，通过推销产品提供服务，可以更好地满足人们的需求。借助电子商业技术来实现商品的批发与零售等功能，也可以提高生产的效果。电子商店形式具有投资小与成本低的特点，对人员以及技术等方面的要求也相对较低，所以在农业合作社等方面有着极为广泛的运用空间。因此，在实际中就要做好电子商店的运用模式，提高经济效益。

（三）农民经纪人模式

借助企业、组织或是掌握技术的个人作为代表农民经纪人，可以指导或是组织代理农户来实现网络经营，从而提高对互联网的发布以及农产品的服务效果。农民经纪人还要做好农产品以及服务等方面的协调工作，以此来保证各个环节的顺利进行。受到我国农村信息化条件不足的影响，农民进行信息交流的成本还是相对较大的。因此，在实际中运用这一模式可以解决好农民上网等方面的问题，同时也可以保证技术条件的充实，实现集中生产与销售的目标，提高了信息化服务的能力。对于参与者来说，也可以获取到较为全面的交易信息，这样也就解决好了信息不对称性的问题。

（四）电子市场模式

对于农产品电子市场模式来说，其主要的目的就是要建立出大型的综合型的网络交易市场，所以也就需要大型企业或是组织等来创办出可以进行农产品交易的市场，借助购买以及出售等方式来实现农产品的交易，在这一模式中运用"B to B"作为主要的模式，这样也就使得销售方可以是生产者以及批发商等，其服务也是面向多方面的。在这一模式的影响下，可以保证交易平台的有效性，赋予其强大的交易功能，实现了农产品信息的公开与标准，价格上也是公开的，从而实现了实时交易，减少了中间流通中所产生的费用问题。

四、安徽省农产品电商现状

安徽省农产品电子商务发展迅速，现阶段趋近发展成熟。安徽省农委在全国范围内率先启动实施了省级"农产品电子商务示范行动"，重点建设了 10 个具有重要影响的特色农产品电子商务示范县；同时还培育了几百家物联网应用与农产品电子商务一体化的示范企业与合作社；培训 2000 名农产品电子商务人员、1000 名农业物联网技能型人才，将农产品电商人才培训纳入新型职业农民培育计划之中。同时，安徽省农委例行监测农业物联网和农产品电子商务发展情况，并定期公布监测情况。

近几年，安徽省农产品产量逐年上升，政府不仅对农业生产的扶植力度大大提高，在农产品销售方面也出台了相关政策。安徽省农产品电子商务与北上广等大城市相比，初步发展的时期较迟。自 2013 年开始，安徽省政府与中国邮政集团就联合打造了安徽省农产品电子商务平台——优选农品网，于 2013 年 9 月 13 日正式上线，以方便市民足不出户就可以在网上购买新鲜蔬果。2013 年，在全国统计排名中，安徽省农产品电子商务卖家数目位居第 10，农产品销售量位居第 8，可以说是非常靠前，同比增幅非常大，均居全国第一位。

2014 年，合肥农交会"邮乐农品"网与龙头企业、合作社对接。据省农委监测，2014 年上半年，安徽省开展农产品电子商务营销的龙头企业、合作社达到 279 家（其中自建电子商务平台的 80 家，占 28.67%；利用淘宝、阿里巴巴、天猫、京东、邮乐网等第三方交易平台的 199 家，占 71.33%），比 2013 年底增加了 104 家，实现交易额 13.56 亿元，比 2013 年底增加 15.4%。

2015 年，安徽省农产品电子商务得以迅速发展。前三季出现了 839 家开展农产品电子商务营销的农业新型经营主体，比 2014 年底增加了 256 家，2015 年仅前三季度的交易额就达到了 88.7 亿元，是去年全年交易额的 4 倍多，全年农产品电子商务的销售额达到了百亿。在开展农产品电子商务营销的 839 家农业企业和农民合作社中，自建电子商务平台的 178 家，占 21.2%；利用淘宝、阿里巴巴、1 号店、天猫、京东、邮乐网等第三方交易平台的 821 家，占 78.8%，同比上一年都有大幅增长。在利用网络平台销售的农产品种类方面，2016 年，具有安徽特色的砀山酥梨、砀山黄桃罐头等农产品火遍全国，这也破解了农产品销售难、好果贱卖等问题。仅 2016 一年，安徽省砀山县网上农产品销售额达 31.6 亿元，成为全国县级农产品电商销售大县，并荣获"2016 年中国十大农村电商合作探索奖"，探索出一条电子商务进农村综合示范的"砀山模式"。通过电商产业的带动，全县大众创业、万众创新的热情持续高涨。2016 年底，砀山全县共有电商平台 21 个，电商企业 344 家，网店、微店超过 10000

家,草根微商层出不穷,涌现出"桃如意""带澳飞"等一批知名电商品牌,全县网上农产品年销售额达 31.6 亿元,成为全国县级农产品电商销售大县。借助电商产业带动,全县水果加工及包装、印刷、物流、快递、旅游等第二、三产业快速发展,有效带动了 5 万多人从事电商、物流等工作,带动一大批年轻人回乡创业。

五、安徽省农产品电子商务模式发展现状

安徽省农产品电子商务近些年发展迅速,各个电商的运营模式已趋于成熟。较为著名的企业有:安徽三只松鼠电子商务有限公司、安徽一帆香料有限公司、安徽壳壳果电子商务有限公司、黄山谢裕大茶业股份有限公司、安徽皖南竹乡土特产产销专业合作社、安徽野娃食品有限责任公司、绩溪县四方电子商务有限公司等。

(一)纯 B2C 模式

在依靠互联网技术的前提下,"三只松鼠"企业利用了 B2C 平台进行线上销售。"三只松鼠"凭借这种销售模式,创新地开创了一个以食品产品的快速、新鲜为基础的新型食品零售模式。依托互联网技术销售产品的商业模式缩短了客户下单与收到产品的时间,从而保证客户及时享受到新鲜的食品。这一销售模式不仅取得了成功,更开创了食品销售商利用互联网技术,在第三方平台出售的先河。以其独特的销售模式,在 2012 年双十一当天销售额在淘宝天猫坚果行业跃居第一名,日销售近 800 万,其发展速度之快创造了中国电子商务历史上的一个奇迹。更值得肯定的是,三只松鼠 2013 年线上销售取得了新的销售纪录,销售总额超过 3 亿。

(二)自有农场 +B2C 模式

壳壳果(COCO.NUT),是安徽詹氏集团旗下全资子网络公司。与其他坚果网商相比,壳壳果不仅是线上经营店,更拥有线下万亩坚果基地及实体生产企业,从种植、加工、到研发、包装、销售,实现全程品控管理,有效保障壳壳果产品质量。壳壳果将在母公司的大力支持下,依托电子商务的快捷和线下自有坚果品牌的产业链支撑,从生产、加工、成品到物流出厂,集结天下优质坚果,只为消费者提供 15 天以内新鲜坚果。

谢裕大茶业是徽州区电子商务的开创者,于 2008 年在淘宝、阿里巴巴等网站销售茶叶、茶油等产品。谢裕大也带动了多家企业在一些知名第三方平台销售茶叶等商品,如淘宝、天猫、京东等网站。以谢裕大茶业为代表,目前该区企业自主创建电商平台是一种主要的电商模式。谢裕大茶业创建了"有语农产品"电商平台,销售模式为 B2B 和 B2C 两种;光明茶业创建了"老谢家茶官方旗舰店",销售模式为 B2C。养生源蜂业建成了"徽黄电子商务部"、富松茶业创建了"富松茶业"、洪通

茶厂创建了"洪通老茶坊"、西溪南蜂业合作社创建了"黄山蜜蜂小店"等电商平台。而利用市政府搭建的平台如黄山途马网、裕徽园、邮乐特色中国黄山馆等平台，一些企业也开展电子商务工作，这成为该区电子商务模式的补充。

（三）砀山农产品电商模式

有着"中国梨都""水果之乡"美誉的砀山县，森林覆盖率达70%以上，水果面积稳定在70万亩以上，水果总产30亿斤。果蔬加工产业集聚效应明显，海升、熙可、汇源、科技等全国十强果蔬加工企业半数落户砀山，年水果加工能力达20亿斤，丰富的水果资源为电商进农村提供了广阔平台。近些年，砀山县提出了"立足水果产业、发展电子商务、促进大众创业、推进扶贫开发"的理念，积极推动电子商务发展，营造了良好发展氛围，提供了坚实的组织保障和政策支撑。

1. 微商模式

地方高校毕业生、返乡创业的知识青年，他们大多数人都以在微信中代购化妆品起步，逐渐拥有了自己的固定客户和粉丝。2014年，发现了生活中的商机，他们毅然将产品转向农特产品，结合当地实际情况就地取材，将具有本地特色的黄桃加工成了营养美味的罐头产品卖到朋友圈，凭借过硬的品质和口碑，迅速地创造了新的销售量，并取得了意想不到的效果。这一商机迅速获得关注。目前，该县许多年轻人开始利用已有的资源做起了与黄桃罐头有关的微商，人数不断增加。

2. 第三方平台电商模式

许多第三方电商平台都建设了具有砀山特色的产品馆等模式，希望在砀山农产品电商中分得一杯羹，如大型第三方平台：淘宝网、一号店、京东、苏宁、亚马逊、邮乐农品等，销售的产品不仅有砀山酥梨，还有经过加工的黄桃罐头、梨汁、梨膏等多种产品。经过研究总结，砀山农产品电商销售的重要组成部分，是将大平台上买家的人气、流量通过连接至第三方大平台的方法吸引至本地交易本台上来，并且利用大平台的资源优势带动本地产业结构优化升级。

3. 本土电商平台模式

在砀山生活网、砀山在线网、砀山新闻网、砀山人才网等砀山本地十大重点网站的组建下，共同推出梨都商城网，于2015年正式上线运营。目前已成为砀山本地最大的电子商务交易平台，不仅入驻了近2000家商户，商品种类更是复杂多样，同时各类周边产品的交易额也非常可观，这一举动使砀山进入了电商的新时代。

第二节 "互联网+品牌农业"：农产品的品牌建设

一、品牌农业

（一）品牌农业的概念界定

品牌是一种标志、一种象征，是制造商或经销商把一些经过设计的符号、名词或者名称，或者是它们的组合，附加在商品上。品牌代表着人们对一个企业的信任，代表着人们对一个企业文化价值的认知度，代表着人们对一个企业的产品的评价以及其售后服务的好评度。品牌是一种商品综合品质的体现和代表，同时作为一种可以增值的无形资产，能够给其所有者带来品牌附加值。

品牌农业，即拥有产品品质和安全健康保障的品质农业。品牌农业是指农业生产经营者经由有关质量标准体系的认证后，获得相应的商标注册权，在市场上有较高的知名度，受到消费者的高度认知，并且能够取得消费者的高度信任，且在市场上的竞争能力较强，拥有良好的社会口碑，能够获得较高经济收益的农业。品牌农业是不同于传统农业生产、加工和经营方式的农业。它具有以下五种特性：

1. 质量和安全健康的保证性，即品牌农业是坚持保质保量、确保产品安全健康的品质农业。

2. 标准化，即品牌农业是严格按照量化标准进行产品生产、产品加工的、始终坚持一贯标准的标准化农业。

3. 价值性，即品牌农业是经过恰当筛选农业原材料并对其进行加工和包装，从而使农业价值增值的农业。

4. 规模经营性，以前农业的生产经营以一家一户为单位，而品牌农业一改曾经的落后状态，采取以获取高效益为目标的规模化经营。

5. 产业链性，即品牌农业贯穿第一产业、第二产业和第三产业中，甚至是操控着整个产业链的发展，以实现大食品业的质量与安全。

（二）品牌农业的主要特征

品牌农业实现了农业多种功能性的有机结合，满足了消费者对农产品生态、安全、营养、健康以及文化等方面的综合要求。它具有五个主要特征：

1. 生态化

生态化是指在农产品的种植和生产等环节都遵循"尊重自然,循环发展"的理念,完成具备安全、健康、优质的农副产品的加工和销售。生态化是品牌农业的心脏。

2. 价值化

价值化是指把"品牌营销"模式运用到品牌农业的发展中,通过定位农业品牌,创新农产品,推广农产品的核心价值,设计、传播农业品牌(产品)形象等方式,以实现产业、企业以及产品附加值的升值,增加品牌农业的收益,实现其可持续发展。价值化是品牌农业的脸面。

3. 标准化

标准化是指引入现代经营管理理念和措施,规范农业经营组织的培植环节,对加工过程进行系统化地改革和建设,转变传统的农业经营管理的粗放性、随意性、人为性特点,形成可量化、可控制和可复制的体系。标准化是品牌农业的血液。

4. 产业化

产业化是指通过整合农业与第二产业、第三产业,使三种产业之间实现高度融合,形成一条完整的农业产业链条,从而使一、二、三产业能够进行良性联动与互动。公司+基地、公司+合作社+农户、农户+合作社+超市、农村+金融、农场+家庭、鼠标+家庭,都是"从田间到餐桌"的产业化形式。产业化是品牌农业的肢体。

5. 资本化

由于农业投资的特点表现为高风险、低回报、投资周期长、市场前景广阔,为了推动现代农业的跨越式发展,必须积极地利用资本杠杆的撬动作用,积极地推进现代化的资本投资和运营理念、资本运作模式和路径的发展。

二、互联网思维

实际上互联网思维可以说是具有网络化、零距离特征的思维。互联网推翻了固有的距离限制,使距离的存在感消失殆尽,同时它也带来了网络化效应,企业应该打破过往的同各方形成的博弈关系,转向合作共赢的商业生态圈。

在互联网的时代背景下,像美国的管理大师德鲁克所说:"互联网消除了距离,这是它最大的影响。"企业对待零距离的方法对了是机遇,错了就是灾难,而网络化是指没有了界限。以前距离和界限同时存在,使得企业在对待员工、合作方、用户的关系时往往持有的是博弈的态度;而现在网络化、零距离则需要企业将员工、合作方、用户的关系转化为合作共赢的关系。

举个例子,企业与供应商过去是博弈关系,企业一般通过竞标来获取最有竞争力价格的供应商，然而现今满足企业需求价格的供应商却不一定能够满足用户的需求，因此必须允许供应商一起参与设计。可以说只有企业员工用户合作方都达成了合作共赢的共识，才能真正实现皆大欢喜的格局。基于这一点，我们要建立一个联合的生态圈。在过去，全球的企业流程是一致的，都是按部就班地施行研发、制造、销售，没有办法直接应对市场，但现在企业同各方通过合作，一起为市场创造价值。

同时，开放是生态圈的另一个特点。过去，企业的内部和外部界限十分明确，但生态圈不同，准入门槛就是为用户创造价值满足需求，这也是网络化的思维。

综上所述，可以得出以下结论：第一，并不是因为互联网的诞生才有互联网思维，只是互联网的存在将这种思维体现得更明显，所以我们称其为互联网思维；第二，互联网思维是一种新的生产力，而生产力往往与特定的生产关系相对应，也就是说一些可能在以前被奉为金科玉律的标准将被淘汰，所以说互联网思维具有改革和创新的力量；第三，互联网思维是对原有的老旧的价值生产链进行重建和改造，毫无疑问这会是一个系统的工程；第四，互联网思维一方面，可以打破现有的链式价值生产过程，从而向无边界价值网络方式进行转化；另一方面，使企业的价值将更加集中、社会分工更加细致。

三、互联网思维下的农产品品牌建设

（一）农产品品牌的内涵

比起农业品牌，农产品品牌是不同的。农业品牌指的就是在农业范围内，在各个主体中，为了更好地区分当地、企业自身以及企业自有产品和产品的一切存在的标志、名字等具有特征的符号。相对于农产品品牌，农业品牌要宽泛得多，农业品牌涵盖了农业生产产品品牌、农业生产资料品牌、农业生产服务品牌。在农产品建设方面，虽然也受到农业生产资料品牌和农业服务品牌等因素的影响，然而，这并不能够从根本上引起消费者的注意，但是消费者最关心的是农产品品牌。存在于农产品身上的某些特质，并能够区别于竞争者的标记性符号系统，这表现了拥有农产品的人和消费者之间有一定的契约关系，也向消费者传递出一定的品牌品质和对消费者的承诺。农产品的质量标志、品种标志以及集体品牌标志共同构建了农产品品牌系统，这就使得农产品品牌有了很多的多样性和复杂性。

（二）农产品品牌的特征

1. 表现形式的多样性

从广义的角度来看，农产品品牌是由其质量标志、品种标志、农产品的集体品牌以及狭义的农产品品牌共同组成的。在一定程度上，农产品品牌的复杂性和多样性是由农产品自身的特点决定的，逆向选择现象是农产品市场的重要特点，除了逆向选择现象，在评价时应该由有信誉的生产评价机构来完成，将质量等级的评价结果粘贴在农产品上面，这样就能够更好地供消费者选择。具备一定质量标志和地理标志的农产品具有特定的文化和自然特征，在这种情况下，人们是不能够很好地区别开产品属性和根源的；而农产品的区域特征是由集体品牌反映出来的，消费者可以根据这个特征进而区分农产品的发源地，农产品的特性实际上指的就是农产品的质量。以上这些农产品质量、符号和标志的特点是农产品品牌的表现。

2. 效应的外部性

农产品品牌的效应可以由以下几个方面的特征来体现：

（1）地域品牌产生的外部性

地域环境是地域标志的产品质量或者特征的主要根源，这些都包含了自然因素和人文因素。依据世界贸易组织的原则，具备原产地标志的制度是没有费用的，它主要由国家全部承担相应的费用，比如说，当产品有假冒伪劣时，政府就要提供一定的保证，企业是不会买单的。因此，地理标志具备一定的外部性，它是公共产品。

（2）无公害产品、绿色食品以及有机食品等产品的外部性

可以食用的农产品的安全生产的基本框架由"三品"的概念共同构成，这主要是因为面临大量不放心的农产品，由政府推出的具有一定特征的农产品，纯属于政府行为。在政府以及各方的共同努力和宣传下，"三品"在市场上得到了很好地推广并有了更高的认可度，当农产品被贴上"三品"之后，就能够获得更大经济效益。"三品"标志具备一定的外部性特征，这就意味着，当农产品有了"三品"标志时，农产品就有了更大的效益。

（3）品牌产生的外部性

品牌产生的外部性，即一个品牌具备引领时尚的引导功效。对同业企业来说，当产品中的某一特征得到过渡的强调时，消费者就会更深刻地认识这一特征，这个特征也会在整个行业中形成公共资产。在农产品发展中，自然、绿色、健康等这些概念得到广泛地重视，某些有着带头作用的农产品反映比较快，他们首先做出了调整，进而适应了这一概念，这时品牌就具备了外部性，最终使得农产品具有了免费收益。

3. 农产品品牌的脆弱性

容易受损是农产品最大的特点,如前些年发生的"瘦肉精""毒大米"和"三鹿奶粉"等事件。农产品品牌之所以脆弱,主要是因为农产品自身特点的原因。

第一,在监管时,很难监管到农产品质量的隐蔽性。比如"三鹿奶粉"事件中,通过对奶农提供给三鹿的牛奶进行30多项的检测,还是没有检测出三聚氰胺,这就足以看出农产品质量有多么的隐蔽,这就使得农产品有很大的危险性。假设对个别奶农监管不到位,就会殃及整个品牌。

第二,是指农产品在建设中具有很严重的复杂性,这就使得不能够更好地监管主体之间的质量。在农产品品牌建设过程中,农产品企业是主体,它包括政府、农户和行业组织。在"三鹿奶粉"事件中,这些主体并没有更好地协调好这些工作,这就促使不能够及时地处理存在的问题。三鹿集团拥有全部的品牌权,但是并不能够更好地监管到每一个奶农,而奶农为了更好的收益,就会想尽办法掺入有毒物质,旨在使自己收益。

第三,由于农产品是食用品,所以更容易引起消费者的警惕,当安全问题发生后,该品牌就会受到严重的打击。比如,双汇的"瘦肉精"事件就严重地打击了国内整个肉制品行业的发展,其产值基本上减少了一般以上,"双汇"品牌也受到了重创。

第四,农产品的生物性特征严重致使农产品品牌易碎。生鲜产品占据农产品的大部分,在常温下,大多数生鲜产品就会出现腐烂、变质的现象,这就给农产品的质量带来较大的影响,比如说随着时间的不断延长,刚刚上市的蔬菜、鲜肉等就会不断变质。这样看起来,相较于工业产品来说,农产品品牌是很脆弱的,面临的风险也是巨大的。

(三)农产品品牌的建设

在建设过程中,农产品主体对其品牌进行规划、构建、培育和扩展的全部过程称之为农产品品牌建设。农业企业产品品牌、质量标志、集体标志等要素是农产品品牌建设中的主要因素,故此,基本建设主体构成了农产品的主体。

要建立有强大影响力的农产品品牌,需要从农产品的品质、营销等多个方面入手。

1. 品种优化。衡量农产品质量差异的考核指标,如食用性、安全性、经济性和营养性;产品质量是其品牌得以生存的基础。

2. 营销方式优化。合理的营销方式是企业打造农产品品牌的重要手段,需要企业通过市场调查、用户细分、营销推广、品牌保护等一系列活动,让消费者获得极致体验。让企业在市场竞争中获得领先优势,进而占领更多市场份额。未来农产品品牌的营销能力会成为农业企业核心竞争力的重要组成部分。

3. 农产品商标注册和保护。获得法律保护的品牌，对农产品品牌附加值及影响力的提升具有十分重要的作用。

4. 促进品牌形成。首先，选择合适的广告媒体。随着社交媒体平台的崛起，许多传统推广渠道的影响力大幅度下滑，报纸、杂志、电视等渠道的广告价值下滑已经成为一个不争的事实，而借助微信、微博等社交媒体进行营销推广已经成为一种主流发展趋势。其次，塑造优良的品牌形象。根据企业的产品特征及目标群体的喜好，企业可以塑造出适合自身发展的品牌形象。最后，提升产品身价。包装不但能有效避免产品在运输过程中被损坏、在仓储过程中避免被蚊虫叮咬，还能美化产品、承担推销产品形象的作用。另外，包装精致的产品能极大地提升人们的购买欲，提升品牌形象，进而为企业带来更高的收益。

（四）"互联网＋农业品牌"建设的突破方向

1. 规模

许多生产优质农产品的企业限于资金、人才等方面的不足，一直未能实现规模化发展，过小的体量及销量很难在消费者心中留下深刻的印象，更不可能形成较强的品牌影响力。无法形成规模，也就意味着不能实现大规模的产品生产、再加工及营销推广。想要成功打造农产品品牌，规模化发展是重要基础，不但要在生产上形成规模，加工、营销、物流等环节上也要形成规模。三产融合，扩大规模，形成产业集群，但规模优势要注意地产地销。

2. 低值、易损和难包装

人们希望能享受到更加营养、美味的产品，再加上冷链物流的快速发展及生物技术的不断突破，农产品的品牌化有着较高的消费需求。目前，类似于牛奶、鸡蛋、面包等农产品已经发展到了深度品牌化阶段。

3. 高度均质差异

同一品类的产品的内在差异性不明显，营养成分、口感等方面几乎没有太大的区别，在外观上也没有太大的差异。虽然一些同品类的农产品在内在品质上存在着一定的差异，但是在外观上并没有表现出来，如果不使用一些专业的监测手段，人们很难分辨。这就要求实施品牌化的农业企业在发展过程中，要通过包装、价格、服务和形象等强化自身产品的独特性，在消费者心中建立起独特的品牌形象，从而实现差异化发展。

第三节 农特微商：农产品新运营

一、农特产品

农特产品，从概念上划分为土产与特产。在中国，包含各个地方的农副业产品及一些手工制作而成的产品统称为土产，如松香、毛竹、陶瓷器等就是较为常见的土产。而在土产中拥有特色风格、专业技艺或卓越价值的产品指的便是特产，这里的"特"可以理解为特殊、特别或者特级，从中看出，土产包含了一些优秀的特产，如云南的过桥米线、景德镇的瓷器等。这些产品都深受老百姓的喜爱，都是中国特色的文化与经济孕育出的产物。

当今社会，无论是城市还是农村，人们的生活变得越来越高品质化。小时候在农村嘴里含的、手里用的、脚上使的特色产品已经渐渐被人们忘却。很多在城市住久了的居民开始怀念农村的宁静祥和、农村的朴实生活及农村的特色家常菜。在城市，市场里的许多产品都会添加化学成分，吃得不安心、用得不自在，城市人口的生病率及死亡率呈现出比农村增加的趋势，人们开始殚精竭虑。所以，农特产品的天然纯净该是大众所追求的，会重新成为热潮。

二、微商

（一）微商的概念

微商的兴起是移动互联网快速发展的产物。随着各种聊天、交友软件的出现，各大社交平台注册人数的激增以及电商平台发展的成熟，细分市场得以发展，微商就此应运而生。微商的定义可以从广义和狭义两个方面区分，狭义的微商仅指基于微信平台提供商品交易活动，广义上的微商泛指企业或者个人依托各种社交平台、利用各种推广手段，提供商品和服务等各种商业活动。

广东省消委会经多方研究，并与腾讯公司深入沟通，初步确定消费者微信购物方式主要有四种：一是借微信平台进行商品或店铺的推广，但最终的交易行为主要发生在淘宝等传统网络平台上；二是直接在微信中的"购物"功能选项中购买，此选项主要是京东商城的购物入口；三是通过腾讯认证的企业微信公众号销售；四是在微信朋友圈个人私下完成的交易或通过个人微信公众号达成的交易。事实上，前三种都不是纯粹意义上的微商，买卖双方只是借助微信来延伸触手或便利支付，而

在微信朋友圈推广和卖货，才是时下微商的主流，

也是出现商品质量问题、引起消费纠纷最多的情形。

（二）微商的特点

作为网络购物的主流，网络购物交易平台提供了绝大部分线上商品交易服务，这种在平台上搭建虚拟商铺的模式，具有传统贸易的特征。而微商作为电商交易的细分市场，其特点更加突出，主要有以下几点：

1. 低成本，易操作

在我国，从事微商人员以女性居多，其中大部分是家庭主妇或是兼职人员，有的来自农村，以当地土特产销售为主要收入来源。与电商平台店铺对比，其操作性简单易上手，因为基于电商平台不仅需要对商品进行广告推广，还要对店铺进行"装修"，就拿阿里巴巴旗下的淘宝与天猫商城来说，一个普通的店面推广，其计费模式是按点击量来计算，电商平台负责推送和前置商品广告，当消费者点击信息进入商铺浏览时则产生费用，还有竞价排名机制等，有的推广商品信息的单次点击费用就高达一元甚至更高。

在电商平台上众多商品的竞争中，除了价格优势之外，广告的推广不可或缺，这就意味着走进网络商城首先进入顾客视野的店铺，其推广费用也是最高的。其次是虚拟店铺的"装修"，不仅要学会拍图、修图、排列和文字描述，还要负责颜色搭配，当进行价格促销时还要会修改价格。现在有专门的网店"装修"公司，一般单个商品"装修"价格需要五百元不等，对那些商品种类繁多的电商来说，也是一笔不小的开支。就微商而言，其商品种类少，信息发布简单，几张图配一段文字描述就达到了宣传目的，客户更能直观地感受到商品信息，唯一不足之处是消费者想要获得更多信息需要通过咨询才可以获得。但是对比网络购物平台的电商，其成本优势明显，操作简单易上手。成本低、性价比高的微商营销已经成为一个新的商品交易模式，未来这种创新模式将会成为一个新的经济增长点。

2. 社交营销，互动性强

微商是熟人之间的网络营销。这种熟人关系可能是基于同学、同事、朋友等各种社会关系，人情是促进微商发展的催化剂，为微商的营销活动提供了生存和发展的空间。客户是商品交易的基础，一般来说，客户量的多少直接决定了商品的销售量。网络购物平台的客户量大，但是商铺众多，竞争也大，陌生客户主要是参考店铺的月销售量和消费者评价再决定是否购买，这样就会出现"马太效应"，月销售量越大的，生意就会越来越好，而月销售量少的就会越来越冷清。先不从商品质量等其他因素考虑，而是消费者的一种从众心理，这就是购物平台电商运营模式的一大缺

憾，因为缺乏互动性，商品信息一般是单向推送，所以导致小商铺商品缺乏竞争优势。微商正好弥补了这一点，小商铺卖家转向社交平台。当然，客户量仍是第一要素，只不过微商将客户数转变为好友数量，通过社交平台发布商品信息与好友互动，将潜在客户转化为真实消费者，社交平台的信息发布不再像平台电商那种规范模式，其更加随意简单，将网络热词和生活糅合在一起，达到生活和推广相结合的效果。

3. 营销方式多样性

购物平台的电商营销方式单一，一般基于 BZC 或 C2C 模式，其搭载网络购物平台进行商品交易。广告的投放也是基于平台，但有时也会利用网络推广或与社交平台相结合，引导客户前往平台商铺进行交易。社交平台的好处在于可以拓宽交友渠道，微信开发了 LBS（Location Based Service）功能，在微信的"查看附近的人"的插件中，用户可以查找与本人地理方位邻近的微信用户。

一般微商还会在自己社交账户中的签名档处推广商品信息，一些附近人搜索就会一并看到。商家也可以运用这个签名档为本人做宣传、打广告。购物平台消费者关注的是商品，而社交平台好友关注的是人，双方的互动与交流才是这个平台的价值所在。商品广告可以通过语音推送，社交好友出于好奇也会点击收听，达到营销推广目的。还有就是经常推送图文信息，加上一些商品广告，会刺激一些消费者的购买欲望。这种微商推送的商品信息会不定时地出现在社交圈中，会引导消费者对该商品由陌生到普通，甚至到熟悉的一个过程，再转化到消费，提高商品交易的成功率。

4. 投入资本低，资金回流迅速

基于购物平台的电商，前期需要一定的资金投入，需要有一定的商品库存。

另外，在购物平台搭建的商铺需要向平台缴纳租金，根据店铺的分类不同，租金也不等，这样就增加了投入资本，并且基于购物平台电商的规范性，商家与消费者之间的资金往来是通过第三方交易平台完成。一般来说，出于保护消费者资金安全的考虑，第三方交易平台会将消费者支付的货款保留一个星期再转给商家，这样就增加了商家的资金周转期。

微商营销基本不用投入多少成本，只有借助手机移动互联网络下载相关软件就能进行操作，商品通过一些社交软件进行宣传，喜欢的朋友可以直接通过社交软件和微商交流购买。没有复杂的运作流程，直接由进货转向销售，有的微商会跨过进货流程，直接让厂家发货，其性质类似于直销。消费者支付货款可以直接通过转账、发红包等多种形式支付，省略了资金截留的过程，提高资金周转周期。

三、农特微商发展现状

当前，农特产品微商已经慢慢有了雏形，并慢慢走进我们的视野，这样一种新型的推广模式，对传统的农产品销售模式带来了重大冲击，新模式与之带来了新机遇，同时也带有新问题。从其未来的模式发展来看，新媒体营销将有可能逐渐改善，甚至在部分农产品销售中取代传统批零模式。但是目前的农特产品微商还是依赖于以往单纯的相互介绍图片信息为主的方式，并不是所有的产品都能够适用电商的，可能受地域特征、产品影响力、产品价格、可替代性、冷链运输条件等各种因素的影响。农特微商是对于农特产品的销售模式的创新，有利于提高农特产品的效益和解决农特产品信息对接问题。空间扩散初期以信息发布地区为主，扩散中期其他地区效果明显，局部出现小网络扩散，扩散结果呈现明显的地区差异等特点和规律。企业微博营销中的品牌曝光度和网络口碑存在非线性关系。当品牌曝光度较低时，随着品牌曝光度的提升，微博信息的网络口碑效果会增强；但是当品牌曝光度较高时，随着品牌曝光度的提升，微博信息的网络口碑效果反而会下降。知名品牌在微博营销中具有先发优势，大小品牌有不同的微博营销战略，企业微博营销影响力随时间自然衰减。企业应保持微博活跃，并将企业微博运营作为长期品牌建设的战略。因此，应创新微商模式，提高微商绩效。

四、农特微商存在的问题

（一）农特微商没有形成有效的管理机制

目前，现实中的农特微商管理主要依靠团队负责人组织，负责人组建团队、招收代理，通过推广产品来创造业绩，因此造成了管理的缺失，存在对客户人群的服务态度难以把控的问题，也无法对农特微商进行有效的规范管理。让客户光凭几张图片和缺乏专业知识的微商的回答难以正确判断商品的优劣，而且又无法看到其他客户的评价，导致客户思维混乱，因为农特产品是消费者日常消费品，管理不规范就无法保证农特产品的质量安全，不能建立品牌信任度，更不能拓展更多的客户群。

农特产品价格相对透明，一斤菜超市里卖多少钱，微商卖多少钱，消费者很容易进行比较。因此，客户更注重的是农特产品的质量和服务，也就是品牌信任度的建立。

（二）农特产品微商的模式单一

近年兴起的农特微商思维还停滞在固有传统思维上，依靠社交平台推销的农特产品一般以特产为主。微商之间的销售模式是一种类似"金字塔"的模式，代理之间层层加价，导致最后面向消费者的微商出售的产品价格无任何优势，甚至出现价高或者产品质量无法保证的现象，使产品无人购买，导致最后一级的微商赔本。微商并没有成为社交圈的主导，而是社交圈的演员罢了，这就导致微商的营销被动，由消费者牵制，并不能诱发消费者的潜在消费能力。在社交圈里仅仅是做产品的宣传，未能运用新颖的方式、创新的方法去做微商，导致从事农特微商的仅仅是数量的增加，没有创造新的机遇和出现质的改变。

（三）缺乏从事农特产品微商的专业人才

由于农特微商是新生事物，区别于传统的电商经营，所以目前农特微商的理论学习大多停留在自主地探讨，缺乏相互之间的交流学习。从事者更多的是实践操盘经验，没有形成系统性的体系学习。相关的院校仅仅具有电子商务专业的培训，未涉及微商，尤其是农特微商的相关教育和市面相关的农特微商专业书籍也是甚少。

（四）农特微商未来发展方向不清晰

通过大量的农特微商资料的阅读，可以发现一般都是介绍农特微商的某些方面，未从总体的规划和预测发展方面详细分析，造成了大量农特微商团队仅仅追求农产品的销售，没有确立相关的方向，以致在农特微商发展运营过程中出现众多困窘和痛点。

五、农特微商发展模式探索

（一）公司化运营农特微商

农特微商如果想更健康地发展必须实现公司化运营，成立相应的农特产品电子商务公司，是农特微商走向现代化的方向。农特微商电子公司的发展应注意以下几个方面：明确农特微商电子商务公司的发展目标涉及农产品、农资、农技等多方面的规划；将公司目标转化为团队整体的关键绩效指标；将团队关键绩效指标逐层分解到各农产品层面；设定相应农产品负责人及岗位任职者的关键绩效指标的目标值和权重；建立关键绩效指标数据采集、汇总的流程，并进行日常的绩效异动分析及绩效改进，经常组织大家进行相关的总结学习；进行定期的绩效考核，将考核结果与薪酬体系对接，按照规定进行奖惩。这样才能够促进农特微商的发展走上正轨，实现快速发展。

（二）团队式农特微商模式

农特微商的经营模式多种多样，这里简单列出几种模式，以便对团队式农特微商模式进行更深入的阐释。

湖南永兴的圈橙模式，农特微商圈里面对精准人群推销 1000 颗橙子树，每棵树的产量平均在 50kg，每棵橙子树售价 888 元，平均价为 17.76 元 500g，与市场上的橙子不仅有价格的优势，而且橙子种植全过程消费者可以实时查阅，保证其有机无公害种植，也让消费者吃得放心。橙子成熟时期直接可以按照消费者的地址邮寄到家。其背后给农特基地创造的价值是巨大的：（1）解决了农特基地产品的销售难题，橙子的生长有阳面和阴面、个头有大和小，这样的销售模式直接有效地降低了农特基地的损失，不用担心长势不好的橙子的销售问题；（2）农特基地直接发展了订单式农业，实现了资金的提前回笼，有效地解决了种植过程中的农需物资问题；（3）间接在互联网中打造了自己的品牌，提升了自己的知名度和品牌影响力，为以后的发展奠定了坚实的基础。打通了产销供应链，这也是团队智慧的力量。

焦作的铁杆山药，一个小清新的名字——"小日子"，设计很有情怀；一句很有新思维的话：好山药，爱 "yao" 不约；重量很用心——5.20 斤，很容易被消费者熟知和了解，这就是农特微商的力量。因此，农特微商首先应该把朋友圈作为一个聊天平台，而不是营销平台，摆正自我的心态，才能发掘更多的潜在客户。另外，也需要把握自己所营销的农特产品，做到熟知程度。把握自己农特产品的品质和服务，也在潜移默化中树立自己的品牌信任度，同时不能单单停留在以往的模式中，应该创新自我的模式。例如，开展 O2O 也就是线上线下相结合的模式，组织消费人群参观农特基地，从基地了解农特产品，让他们了解基地农特产品的生产过程。

互联网的营销加线下的近距离接触，给消费者带来全方位、立体化的感受。这不仅仅提高了自己的农特产品销量，也在消费者人群中树立了品牌影响力。提升自我的精准营销能力，激发市场消费需求，把握市场的消费人群，通过社交圈、自媒体等新渠道，发展社交电商、"粉丝"经济等网络微商营销新模式，加强农特微商发展基础的夯实。农特产品微商的核心运营关键就是社交电商实现新型的搭建农特产品微商渠道体系，自上而下、全方位建立自己的营销体系。

（三）产业链式农特微商模式

鼓励电子商务互联网企业与相应的农民合作社、种植大户、农特微商龙头团队建立相应的合作关系，共同研发农特微商的发展模式，实现农特产品的由生产导向向消费者导向的转变。

实现订单式农业的进一步发展，从而推动我国农业现代化的进程。提升农业的生产效率和农产品的附加值,对于传统的农特产品供应链模式变革的本质也就是对传统农业供应链的重构。

农特微商其实就是选择优质适合的单品,借助微商的运营模式对相应的渠道进行重构,前端是对于农特产品的品牌的孵化后面是相互之间的快速协同的供应链体系建设,从而最终实现农特微商生态供应链的建设,实现相关产业的相互协调。

(四)供应链式农特微商模式

农特微商推动新型订单农业、品牌农业、扁平化供应链的新业态。现有团队公司应该对现有的农特微商渠道模式进行整合,将区域、社群推广相结合。针对自己的消费人群进行精准数据分析,了解自己的消费者的需求特点,结合消费者数据分析,建立相应的社群,打造专属特色服务,发展社群经济。由此减少流通渠道的中间流程,也同时打通了消费人群与农特产品基地的对接,其营销模式可以简单由下图4-1表示。

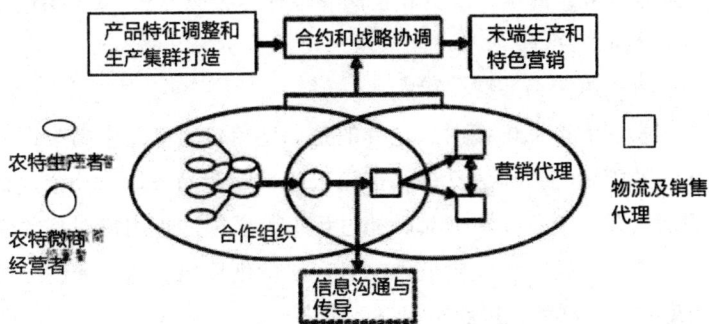

图4-1 农特微商战略系统模式

第四节 "农业+互联网营销":农产品营销新时代

一、"农业+互联网"营销

(一)农产品网络营销

农产品网络营销是指农产品在交易过程中通过网络技术对农产品的市场价格、供求关系等信息进行收集与发布,并且在这个过程中使用计算机技术、信息技术、网络技术等手段搭建线上农产品交易平台,依托于线下的生产、物流、仓储能力,在网络上开拓新的销售渠道,从而为地方性农副产品提高品牌知名度,加强与用户之间的关系,促进销售的一种新型营销模式。农产品经营者可以在网络上及时并且精确地了解到市场上的供需关系、价格波动等信息，然后直接在网络平台上进行交易，为农产品创造更大的销售平台，为农民提供更大的帮助。

（二）"互联网＋农产品"的发展模式

1. "物联网＋农产品养殖"模式

全程追溯是这种养殖模式的一大优势，由于互联网全程参与种养殖过程，十分容易实现全程可追溯，全程数据可以直接由后台处理系统跟踪并记录，消费者最为关心的食品安全问题可得到有效解决。

2. "互联网＋农产品物流"模式

两种主流的发展模式：（1）大型农产品交易集散中心。涵盖批发、拍卖、运输、仓储和交易等多种功能，而且会借助互联网搜集到的实时信息，对数据进行实时更新。不仅具有全种类的农产品批发交易功能，还为广大个体及组织提供农产品再加工、进出口贸易、金融服务、商检、配送和仓储等多种综合服务。（2）实现大规模交易的批发销售电商交易平台。

3. "互联网＋农产品品牌"模式

许多企业在发展农产品电商时，选择的是一些单价较高的中高端产品，这种产品需要有较强的品牌影响力作为支撑，在尚未成功塑造品牌之前，企业很难在市场中获得足够的话语权。企业在建立品牌的过程中，必须注重用户对相关农产品的消费习惯、与农产品相关的文化及价值理念等，尽量创造出一些有温度、情怀的个性化品牌，建立忠实粉丝群体，进而实现口碑营销。

4. "农产品＋电商平台"模式

未来将出现以下4种形式的农产品电商平台：（1）凭借着长期经营获得品牌优势及流量优势将自身产品的品类扩展到农产品领域的电商平台，如淘宝、京东和1号店等；（2）由传统批发市场转型而来的农产品电商交易平台；（3）一些资金雄厚的农产品企业自己建立的垂直农产品电商平台；（4）高端农产品衍生出的垂直品类的电商平台。

（三）"互联网＋农产品"的销售新体系

农副产品中的商品部分以买卖形式，从生产者手中转移到消费者手中的经济活动被称为农产品流通。农产品特性：在生产维度上，农产品要受到地域、气候和生长周期等方面的限制；在商品维度上，农产品的生物属性决定了其容易腐败，难以实现标准化；在物流维度上，农产品对运输条件要求相对较高，运输设备、技术和专业性都必须有较高的水准；从消费维度上，农产品消费批量小、品类多，而且单一的农产品，尤其是水果、蔬菜还有季节属性。

1. 预售模式：一些不易储存的农产品在其尚未成熟时，就可以在网上开启预售通道，根据订单情况，农户再决定采摘数量，而且可以更加高效地配置运力资源完成运输，这将有效降低农产品的库存成本及损耗成本，广大消费者能以优惠的价格品尝到新鲜的优质农产品。

2. 周期购模式：消费者可以一次购买半年甚至一年的产品，每隔一段时间商家会给消费者配送，并且确保产品的鲜度，借助这种销售方式，消费者不需要频繁地外出采购或者线上下单，商家也能有针对性地调节自己的产能、优化库存。

3. CSA与电子商务的结合：20世纪70年代，瑞士出现一种新型的农业生产方式——CSA（社区支持农业）。在CSA模式中，社区成员与农场制定合作协议，使农场成为该社区提供服务的专属农场，农户与消费者共同合作分享农场收益，并共同承担农产品生产过程中的一切风险。我国的CSA模式发展速度相对缓慢，往往是许多倡导绿色有机食品的志愿者及农户花费较高的成本生产出的优质农产品，却无法从有限的渠道中找到愿意为其买单的消费者。

（四）"互联网＋农产品"的销售思维

消费者可以成为农场的股东，农场会按照套餐的规定定期给股东们配送新鲜的优质农产品，也可以去分享收获农场进行实地考察。产品的重量设计上也要注意，尽量不要让消费者一次购买太多的商品，太多了容易让消费者吃腻，再见到产品时产生反感。价格也不是越便宜越好，许多消费者会通过价格来区分产品的优劣，定价过低反而会影响产品在消费者心中的形象。

在详情页中向消费者展示能够打动他们的信息。可以通过在生产基地拍摄的视频或者图片，获取消费者的信任，并通过图文结合的方式将产品的功能、食用方式详细展示出来，让消费者全面了解自己的产品。

服务的重要性：确保产品的质量只是最基本的需求，能够通过优质的服务让消费者获得极致的购物体验是店铺发展壮大的关键。这里强调的服务不仅包括交易达成之前的售前、售中服务，还包括售后服务。对于电商运营而言，优质的售后服务是影响其发展的重要因素。

所谓用户思维，就是要以用户为核心，尊重用户，成为用户最忠实的倾听者。形成品牌的优质农产品，其商家总是能够站在用户的角度去看待问题，了解用户的真正需要，在为用户创造价值的同时，其自身也实现跨越式发展。

1. 简约思维：是指专注于少数几款产品。农业电商经营者可以从以下两个方面来实践简约思维：一是专注于一个品种，将精力集中到该品种上面，不断提升其品质；二是在尚未成功以前，专注于自己的核心产品，精益求精，使其成为切入市场和获取消费者信任的有力武器。产品要有一定的特色,与其他企业的产品形成一定的区分度。

2. 极致思维:强调将产品做到极致、做到完美,让用户为之惊艳。农业电商经营者在运用极致思维时,需要根据市场环境及消费者的真实需求,不断优化产品的口感、品质。优化营销、支付、物流、售后等环节的服务体验,让消费者真正感受到企业的真诚。

3. 迭代思维:强调农产品电商运营者能根据市场及消费者的反馈,不断优化自己的产品及服务。

4. 社会化思维:强调借助广大群众的力量对产品进行营销推广。

二、"农业 + 互联网营销"新模式

(一)"兴趣 + 电商"模式

"兴趣 + 电商"模式是基于共同兴趣爱好的社交电商模式,以小红书、女神进化论为代表,这种模式的特点解决了用户对商品的逛街需求,用户可以根据自己兴趣爱好选择需要浏览购买的产品。这种模式的盈利模式也很直接,可以通过佣金或者是直营电商的方式获利,盈利能力较强。

这种基于"兴趣 + 电商"的社会化电商模式其实并不复杂,它其实也可以理解为是一个社会化媒体社区或者论坛、可以购物的微博。在传统的社会化媒体下,可能仅仅是展示,不能完成最终的购买,而类似小红书这样的模式,最终可以导向购买,解决了用户喜欢却买不到的问题。

小红书是根据用户的兴趣图谱作为整个平台的运营基础,平台通过基于相同兴趣爱好的信息引导用户进行分享传播,通过社会化媒体可以快速找到一群志同道合的人,并组成一个社交群体。所以小红书的目标用户群体是在 20~35 岁之间,年收入不低于 10 万的女性群体,对国外的优质美妆产品有强烈需求的用户。小红书认为用户最关心的是如何找到适合自己的优质产品,与传统电商的比价模式不同的是用户希望得到的是和朋友一起交流购物的过程。平台给用户提供的就是这样的一个过程,通过基于共同的兴趣,给用户找到最适合自己的产品。

(二)"图片 + 电商"模式

图片加电商的模式是社会化电子商务的鼻祖 Pinterest 首创的,通过图片分享连接到电子商务平台。这种基于"图片 + 电商"的模式,在国内的代表主要是蘑菇街和美丽说,蘑菇街和美丽说都成立于 2010 年,是国内社会化电子商务发展的典型代表。经过 7 年的发展和转型,目前这两个平台都已经聚集了一批核心的用户资源。这两

个平台的用户主要以女性用户为主，具有很强的社交属性。这种基于"图片＋电商"的社会化电子商务平台有以下 4 个特点。

1.　瀑布流呈现

瀑布流呈现图片的方式也是由 Pinterest 首创的产品展示逻辑，用户不需要通过鼠标等工具来进行翻页浏览，而是采用了自动加载下一页的方式（目前这种瀑布流呈现的方式几乎应用于所有的网页）。这种呈现方式给用户带来了一种新型的浏览体验。平台按照瀑布流的形式通过对屏幕内容的布局和图片分布，给用户最好的浏览体验。

2.　图片与电商购买流程互通

通过超链接实现图片与电商购买流程互通，主要有三种展现形式：（1）通过点击图片，直接跳转到图片展示产品的购买环节。（2）在图片底下添加如购物车等提示性的按钮，通过点击按钮实现跳转购物环节。（3）在图片底下的评论区，达人会置顶一条购买跳转链接，用户通过点击链接进入产品购买页面。为了提高用户的活跃度和黏性，平台会建立一些给予不同类型产品的社区，用户可以在里面与"品牌达人""意见领袖"进行交流沟通得到他们给的意见，在这样的互动下可以提高用户对平台的忠诚度，这对平台的发展具有很重要的作用。

3.　图片质量要求高

基于"图片＋电商"的模式，图片的质量、呈现方式对于用户的购买转化率起着关键性的作用。随着 4G 网络的普及，普通像素的图片已经满足用户的需求了。在这种模式下，用户通过浏览图片而产生消费决策进行消费的概率，很大程度上取决于图片的质量和呈现方式。

4.　互动区域的活跃度

在这种模式中，大多数平台在图片下方会设置一个互动区域，而且在社会化电子商务模式中，其他用户对产品的评论是对用户产生消费冲动的一个主要原因，就像淘宝很多用户的流失都是来自买家秀里面的"黑案例"。所以在图片的互动区域保持活跃度，并且塑造更多的正面评论是这种模式一个很重要的运营方式。

（三）"媒体导购＋电商"模式

这种基于媒体导购的社会化电商模式在国内以有货为代表，这种模式的特点是具有很强的媒体属性，在页面的呈现上更像一本时尚杂志，使得用户在使用平台浏览产品时会有一种不同于传统商品详情介绍的感觉。在这样高品质的产品介绍驱动下，用户往往容易形成冲动消费，完成购买。

这种基于媒体导购的模式其实最主要的使自身优质内容的产出，它与蘑菇街、美丽说不同的点在于同时给男性和女性用户提供穿衣搭配和生活潮品等推荐，并可以直接购买。例如有货，有货的定位是一个以时尚为核心的导购平台：首先，网站整体更像是一本时尚杂志，每一篇内容都是一个精品，给用户一种耳目一新的视觉感受；其次，有货构建了一个电子商务交易平台，用户可以在平台内找到自己想要的品牌和产品并且直接在线完成交易。

所以有货的目标群体是 25~40 岁的用户群体，是一群有自己的价值观的年轻人。而且有货并不像其他社会化电商平台的运营模式，而是依靠于自己专业的时尚编辑团队，以专业的内容为核心竞争力。并且在有货的推荐栏目里面，每天都会定期更新对目前最流行的潮流走向分析，有最新的流行风格和穿搭推荐。在这么专业的内容推荐下，有货聚集了一群比较忠实的高端用户群体，让其成为在社会化电商里面另辟蹊径的代表。

（四）"O2O+ 电商"模式

O2O（Online To Offline）就是从线上购买到线下消费的过程，线上平台通过互联网技术，将线下商家的打折优惠信息传达到用户手里。用户可以在线上购买线下商家的折扣或者优惠活动，然后到线下商家去享受产品和服务。这种线上线下结合的模式，可以快速地规模化覆盖。

这种基于线下消费线上导购的 O2O 模式，国内目前在该领域较为出色的有大众点评、美团网等，该类型的特点就是用户具有明确的消费目标，具有很强的区域性，娱乐属性较弱，对商品的要求较高。这种更偏向于生活服务的 O2O 导购模式更多应用于区域性团购电商，团购网站通过与商家洽谈得到一个比较优惠的套餐，然后组织本地达人对商家的服务进行测评，然后通过平台的展示，为本地居民的生活消费做决策。

大众点评作为一个区域性的消费导向网站，可以为用户提供在城市生活中便捷的消费指引。随着社会化电子商务和这种本地化服务的迅猛发展，社会化媒体平台推荐方式越来越受到用户的认可。大众点评搜集了国内县级以上城市的餐饮、娱乐、购物等信息，并且建立移动端搜索引擎，引导用户对消费过的商家进行评价。由无数真实用户产生的评价大数据，促使点评成为国内 O2O 模式的行业老大。

第五章　农产品有效供给系统的要素与框架

第一节　有效生产

一、有效供给的内涵与发展

有效供给一词最初来源于经济学领域，是指与市场需求相适应的、拥有使用价值和交换价值的商品（包含劳务）的供给。在西方经济学家的理论中，有效供给的内涵主要指卖方以市场价格为转移的意愿和能力，并从产品或劳务供给、要素供给和能力供给三个角度对有效供给进行了界定。而商品的一般特征就是使用价值（物品）和交换价值（买卖），因此，有效供给是与商品交易息息相关的一个概念。在传统新古典主义经济理论研究中，学者们强调了市场配置机制对实现有效供给的重要性，但这对制度背景复杂、处于社会主义初级阶段的发展中国家——中国经济的发展难以提供较为充分的指导。因此，有学者结合我国国情对有效供给的内涵进行了相关的界定。

华桂宏在《有效供给与发展经济》中提出，有效供给的实质是指经济发展中生产可能性边界的持续扩张及与收益递增趋势并存的供给机制。该解释是基于经济学中要素投入角度展开的。刘师白在《我国转轨期经济过剩运行研究》中认为，有效供给是指由各个微观主体生产并提供的能最大限度适应各类购买者需求的供给，包括产品总供给量、产品供给结构类别等。该解释是从生产者和消费者的微观视角展开的。也有学者提出，所谓有效供给就是指能够在一定的价格水平条件下实现供求均衡、消费者的需求能够达到恰当满足、外部资源环境的承载能力可以得到考虑、相关法律法规能够得到较好贯彻的全面可持续地供给。该解释从可持续发展角度，既考虑了供需本身因素也考虑了环境政策因素。可见，学者们对有效供给的概念并没有形成一个统一的认识，根据研究对象和研究目的的不同，有效供给的内容也不尽相同。

二、农产品供给基本理论

就学派而言，农产品供给研究一般采用供给学派理论。供给学派是指 20 世纪 70 年代后期出现于美国的一个带有保守主义特色的资产阶级宏观经济学流派，其代表人物有罗伯特·蒙代尔（Robert Mundell）、阿瑟·拉弗（Arthur Betzl, affer）、裘德·尼斯基（Jude Wanniski）等。供给学派强调从供给而不是需求视角考察经济现状并寻求对策，这与凯恩斯需求决定理论截然相反，因而其本质是萨依定律的复活。供给学派认为，生产的增长驱动是由劳动力、社会资本等生产要素的供给及其有效利用所决定的。国家宏观调整政策的重心应该是刺激生产端而非消费端。因而，供给学派力主市场经济，反对政府干预，提倡减税刺激投资，增加有效供给；重视智力资本投资，反对过多社会福利；主张控制货币投放，反对通货膨胀。

经济学中，效率是与帕累托最优等同的。关于供给效率的基本理论有 X 效率理论（H·莱本斯坦，1996）、垄断经营经济理论（尼斯坎尼，1973）等。质量绩效评价包括对组织质量管理活动及其结果的综合评价。关于供给质量的相关理论有 Juran 对产品质量概念的界定、J.H.Juran 和 A.V.Feigenbaum 提出的质量经济性概念。

其他常用理论还包括：供给理论，它的主要观点是影响供给的因素，有好几种，包括市场价格、生产成本、生产要素的价格和其他商品价格的变化、技术进步、农产品储备以及政策因素等。此外，农产品供给还受自然灾害、气候变化等外生因素的影响。农产品供给定理，又称农产品供给规律，其基本内容是，在其他条件不变的情况下，某种农产品的供给量与其价格呈同方向变化，即在一般情况下，农产品供给量随其价格的上升而增加，随其价格的下降而减少。边际效益理论，它是经济学中的一个概念，它大体可以这样理解，即一个市场中的经济实体为追求最大的利润，多次进行扩大生产，每一次投资所产生的效益都会与上一次投资产生的效益之间有一个差，这个差就是边际效益。

三、农产品有效供给

从发展实践来看，农产品的有效供给问题在我国大致经历了三个主要发展阶段，这是与我国的经济发展水平息息相关的。

第一个阶段，增加农业投入以保障供给数量，控制物价。早在 1995 年，农产品的有效供给就被列为政府工作规划出现在《河南省人民政府关于做好 1995 年粮棉产销工作确保农产品有效供给的通知》及云南厅直系统处以上干部年终总结会议上。考虑到当时的社会经济发展状况，农产品有效供给的主要任务仍是增加农业投入，保障农产品供给稳定增长，进而控制物价上涨、增加农民收入。因此，这一时期农产品有效供给等同于保证农产品供给数量充裕。

第二个阶段，抓好主要农产品的生产供给和市场调控。由于生产技术水平的提升，农产品的种植养殖技术不断提高，部分农产品已经慢慢能够满足市场的需求。2009 年前后，保障农产品有效供给的主要任务为采取有效措施抓好主要农产品的生产供给和市场调控，如稳定发展粮食等大宗农产品的生产，防止粮食生产滑坡及优化种植结构，抓好"菜篮子"的生产和供应等。

第三个阶段，现今生态农业阶段。21 世纪的主要农业是生态农业，但近几年由于生态环境恶化、农户意识薄弱、全面质量管理落实不到位、质量安全体系不完善、消费者信任缺失等多个因素，农产品的供给问题突出，不安全因素此起彼伏。且随着社会经济的发展，居民生活水平不断提升，广大市民对农产品的安全、放心要求越来越高。因此，农产品有效供给的侧重点也在不断变化。2012 年 12 月国务院办公厅出台了《关于加强鲜活农产品流通体系建设的意见》，提出要建立完善高效、畅通、安全、有序的鲜活农产品流通体系，保障市场供应和价格稳定。

因此，当今的有效供给不仅要保障供给数量、维持农产品价格稳定，还要保证供给质量，吃得放心。显然，供给质量已成为农产品供给中一项不可忽视的内容。此外，仅实现合理供应还是远远不够的，要保障农产品的有效供给，还要保证农产品的物流过程更快、更优。

四、农产品有效生产

新时期农产品有效生产的内容主要包括以下三个层面。

（一）供给数量均衡

根据蛛网理论，供给价格受供给量和需求量的影响，供给量和需求量反过来又影响价格。由于农产品的供给具有周期性，因此当期价格不仅受当期供需影响，还要受上期价格影响，但以当期的供需为主。同时，由于作为日常生活必需品的农产品的需求具有一定的稳定性，其供给价格最终主要受供给量影响。

当供给不足时，供给价格会呈现上涨态势，直接增加广大市民生活成本、降低生活质量，并波及其他行业引发通胀；当供给过剩时，供给价格会呈现下跌态势，直接打击农民的农业生产积极性并给农民带来经济损失。因此，作为农产品有效供给的重要内容之一，保障农产品供给数量均衡是维持其价格稳定的基本出发点和最终着力点。

（二）供给质量安全

农产品供给质量不安全问题由来已久。随着近年来一系列食品安全事件的报道以及市民生活质量的提高，广大消费者对安全放心农产品的需求日益强烈，农产品的供给质量问题再次进入大众视野。然而，一次次的食品安全事件报道不断考验着广大消费者的心理承受力。下表 5-1 列举了从 1998—2015 年以来部分典型生鲜农产品质量事件。可见，农产食品安全问题已经成为我国民生焦点问题，背后暴露出的是政府监管、行业规范、相关标准的缺失和法律法规的不完善。《2015 年食品安全重点工作安排》提出，要坚持问题导向，着力加强源头治理，强化过程监管，完善法律法规，构建统一权威监管体系，提高食品安全治理能力，切实保障"从农田到餐桌"过程中的食品安全。可见，保障农产品供给质量安全、维护我国农产品的市场竞争力已成为保障有效供给的当务之急和大势所趋。

表 5-1 我国农产品供给质量安全典型事件

时间	事件
1998	"瘦肉精"事件：添加盐酸克伦特罗作为饲料喂养生猪增加瘦肉率，人食用该类型猪肉后会出现一系列中毒症状。我国1998年出现首例瘦肉精中毒事件，2011年双汇瘦肉精事件再次震惊全国。
2004	"染色橙"事件：对未完全成熟的脐橙使用乙烯利脱氢催熟，再在加入染色剂的温水中浸泡，使果皮表面呈橙红色，冒充成熟脐橙提前销售。
2005	孔雀石绿污染事件：孔雀石绿是带有金属光泽的绿色结晶体，可治疗鱼类及鱼卵寄生虫、真菌或细菌感染。首先由英国食品标准局在英国一知名超市的生销鲜鱼体内发现，后出现于我国内地、香港地区，高毒。
2006	"苏丹红"鸭蛋事件：养殖户为了使蛋黄更好看，使用添加苏丹红的饲料喂养鸭子所生产的"红心鸭蛋"。
2007	"问题水饺"事件：知名品牌"思念"及"龙凤"等的云吞和水饺产品检测出对人体有害的金黄色葡萄球菌。
2008	"人造红枣"事件：通过着色和着味两道工序将青枣变成红枣流入市场。"蛆柑橘"事件：四川广元柑橘出现蛆虫疫情。
2009	"咯咯哒"鸡蛋问题：鸡吃了含三聚氰胺饲料后产的有毒蛋。此外，还有臭名昭著的"毒奶粉"事件。
2010	"毒豇豆"事件：豇豆中被查出水胺硫磷农药残留超标。
2011	"毒生姜"事件：将品相不好的生姜水泡后使用有毒化工原料硫磺进行熏制后售卖。"染色馒头""牛肉膏""毒豆芽"等。
2012	"假羊排"事件：将鸭肉由化学染色剂制成羊排。"水晶虾仁"、福建古田"致癌金针菇"、江西"人造猪耳朵"等。
2013	沃尔玛"驴肉"事件：沃尔玛所售五香驴肉含狐狸肉成分。湖南枚县"锅大米"、台湾嘉义"毒淀粉"、汇源"烂果门"等。
2014	上海福喜食品"过期肉"事件：通过将大量过期食品回锅重做、更改保质期标印等手段加工过期劣质肉类，再将生产的麦乐鸡块、牛排、汉堡肉等售给肯德基、麦当劳、必胜客等大部分快餐连锁店。"粪水臭豆腐""毒豆芽"等。
2015	"黑美人"毒西瓜事件：青岛地区市民食用"黑美人"西瓜后出现有机磷中毒。"僵尸肉"事件：长达几十年的冷冻肉走私进入国内市场，随后相关媒体又进行了否认，但敲响了进口冻肉警钟。

资料来源：网络

（三）物流过程畅通高效

众所周知，绝大多数的农产品最终都要进入流通领域，而物流过程是连接生产者和消费者的必不可少的一环。如果没有高效畅通的物流过程作为支撑，即便实现了供需总量的匹配和供给质量的安全，农户生产的产品也运不出去或由于不能及时运送出去而带来巨大损耗，且消费者对生鲜品的消费需求也无法得到有效满足。长此以往，农户的生产积极性势必遭受打击，广大市民的生活消费水平也难以提升，不利于经济和社会的发展。因此，畅通高效的农产品物流过程是实现农产品有效供给、拉动农产品连续生产和促进消费的助力器。

第二节　有效营销

一、供应链

供应链诞生已久，作为一种有计划的管理思想，供应链的概念最早于20世纪80年代提出，译自英文"Supply Chain"，最近几十年飞速发展，而波特提出的价值链概念是供应链概念可考证的最早来源。所谓供应链，即一种供需链状网络，产品生产和流通过程中有众多主体参与。这些参与主体主要包括原材料供应商、生产商、批发商、零售商及最终消费者。

供应链也可以理解为这样一个网状结构，即由材料获取、材料加工直至成品送抵用户手中这一过程，参与企业之间、环境因素、链上资源相互交错，共同组成的复杂网络。这个网络结构模式，涵盖链上所有上下游节点企业，涉及原材料供应，产品的制造加工、运输仓储、包装分销，直至产品流向最终用户等众多环节过程。它可以看成是由连接供应商和用户的物流链、信息链、资金链组成的资源链；也可以看成是各环节都增值的增值链。

20世纪90年代以来，经济全球化加深了市场竞争的激烈程度。企业首要考虑的是，如何提升自身核心竞争力，获得最大利润；如何处理企业与企业之间的关系以及政府如何追求整个行业、社会的利益最大化等问题，供应链管理思想正是在这样的环境下诞生。供应链管理思想是以市场和客户的需求为准则，在核心企业的协调与领导下，在合作共赢的理念下，运用信息技术、集成技术、现代企业管理技术，通过对供应链上资金流、商流、信息流、价值流的整合与控制，实现提升企业竞争力，提高顾客满意度，最终实现企业利润最大化等目标，并将生产者、供应商、销售商以及消费者等节点企业连成一个完整的网状结构，形成一个极富竞争力的联盟体系。供应链管理的本质是在供应链核心企业的领导下，鼓励供应链各节点企业间加强沟通与协调，摒弃各自偏见，发挥各自特色。最大化链上资源的同时，深入挖掘链上各增值环节，努力实现供应链整体利益最大化目标。

二、农产品供应链

目前，人们对农产品供应链内涵的理解各不相同，没有形成统一认识。农产品供应链是为了促进农产品的生产和销售，居于这种需求而达成的一种相互联系、相互影响的系统体系。它类似于一种超级组织，将各参与方有效地组织起来，实现农产品的产销一体化。这其中要高效地协调管理农产品产供销环节，将农产品从生产到消费的众多主体和环节组成一体化的链条网络。Downey 认为农产品供应链注重于生产、加工配送、销售过程，运用资源与技术，在供应链管理思想下，提升农产品质量与服务，实现更高的价值。

农产品供应链是整体和系统属性的综合体，可以把它简单定义为：是农产品销售的一种渠道网络，包含农户生产的农产品、链上企业提供的服务以及消费者最终实现供应链价值的各种行为、关系、资源的合理组合过程。也可以理解为链上核心企业对供应链进行有计划的领导与协调，通过对物流、商流、资金流和信息流的整合与配置，链上各主体专注于产前、产中、产后各环节，在实现供应链整体价值最大化的前提下将农产品通过销售网络供应给消费者的系统模式。

下图 5-1 为农产品供应链流程图，农产品供应链涉及工业、农业、商业三个产业，同时将与供应链有直接或者间接利益相关的主体纳入供应链系统内，在这些过程和环节中还伴随着物流、资金流、信息流的运作。

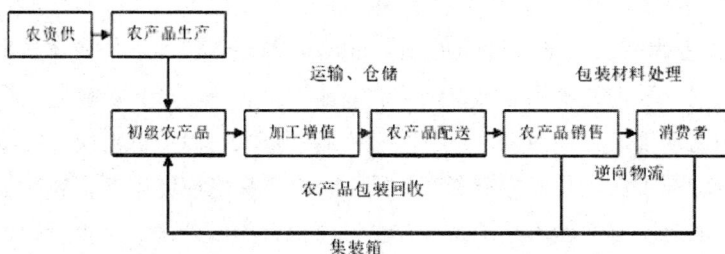

图 5-1　供应链流程图（图片来源于网络）

农产品供应链要素由实体要素、流动要素、支撑要素构成（见表 5-2）。

表 5-2　农产品供应链构成要素表

农产品供应链构成要素	包含成分
实体要素	农产品物资公司、农产品生产者、农产品加工企业、第三方物流企业、超市、农贸市场、消费者
流动要素	资金流、物流、商流、信息流
支撑要素	国家政策制度、法律法规、市场环境、公共基础设施

资料来源：网络

　　农产品供应链与工业品供应链又有所不同。这主要由供应链上物质载体的特性决定，特别是在自然属性方面，差异巨大，农产品表现为极强的季节性，同时农产品具有极强的生物和营养活性，对时间和运输距离的要求较高。农产品供应链具有如下特点：

　　（1）参与者和环节众多。我国是一个传统农业大国，人多地少，农民收入主要来源于农业生产和销售活动。小农户的一个共性就是生产的农产品除少部分自己消费，其余的都流通到市场上；农产品流通过程有众多主体参与，农产品传统的流通方式是农产品经过一级接一级的批发流转，增加了农产品供应链参与的主体和流通环节。

　　（2）农产品数量大、品种多，运输、仓储难度大。农产品生产总量巨大，品种丰富繁多，要将基数如此大的农产品运输和调配到全国各地不是一件容易的事；农产品由于自身自然属性，具有较强的生物活性，易腐蚀变质，对农产品运输和仓储来说具有一定的挑战。

　　（3）资产专用性水平较高，同时还具有市场需求的不稳定和供应链自身的不稳定性。农产品生产所需的农用器械，购买后只能用于农业生产，农业各项投资一旦投入，短时间之内很难另作他用，还有冷链物流中投入的冷藏运输设备也不能用于其他的地方，增强了农产品供应链资产专用性；农产品供应链中各主体在掌握的资源以及对利益的诉求方面各不相同，往往引发投机行为或者恶性竞争行为，容易导致供应链破裂，由于信息不对称以及信息在供应链上传递有失真的可能，容易产生市场需求不稳定的现象。

　　农产品供应链模式多种多样，市场中占比最多的两种物流模式为批发市场物流模式和农超对接模式，批发市场物流模式存在服务功能单一，交易形式和条件简陋，购物环境和农产品质量安全得不到保证，越来越不适应经济发展和消费习惯的改变。农超对接模式依据自身特点与优势，能够很好地解决批发市场面临的问题，在农产品市场中逐步占据主导地位，有效解决农产品流通问题。

三、农民专业合作社营销模式

农产品营销的定义：农产品生产者与经营者个人与组织，在农产品从农户到消费者的流程中，实现个人和社会需求目标的各种农产品创造和农产品交易的一系列活动。农产品营销活动贯穿农产品生产、流通和交易的全过程，其主体是农产品生产和经营的个人和组织，其最终目标是满足人类与社会的需求和欲望。

农民专业合作社农产品营销模式是指从产前开始，并假定农户和农场除了自身消耗部分产品外，剩余产品全部由合作社代理销售。具体流程体系如图5-2所示。

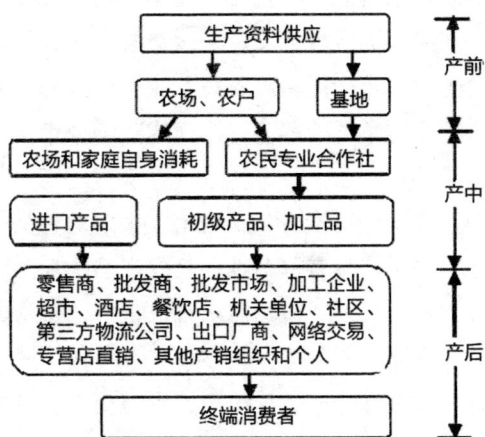

图5-2　农民专业合作社开展农产品营销流程图（图片来源于网络）

（一）农民专业合作社深入农产品营销渠道的有效性

结合一些农民专业合作社的案例和上图5-2可知，农民专业合作社的营销渠道主要是农户—合作社—市场批发商　市场中间商—零售商—消费者，大多数合作社在其中充当了产地中间商的角色，只是介入了农产品营销渠道中的第一层。合作社还可以通过选择不同的市场定位和渠道模式以缩短与消费者的距离，由此带来的渠道层次的减少可以有效地降低销售成本和扩大销售半径。

农民专业合作社先是通过定位高端市场，主要针对机关、企事业单位进行团购销售，相当于直接将产品送到消费者手中，减少了渠道中的 3 个层次，攫取了本应由中间商赚得的利润。随着业务的扩展，合作社开拓了多种渠道，通过订单、团购及专卖店进行销售，中高档产品进入麦德龙、家乐福等大型专场和市区标准化菜场，超市和菜场的销售余量再转至农产品市场批发销售，最后剩余的产品进入农产品大卖场，如此循环销售，能让所有产品"当天收购，当天出货"，克服了生鲜农产品货架期短、不耐储运的弊端，有效减少了损耗。此外，合作社开展电子商务贸易也可以充分发挥营销渠道的地点和时间效用。而通过售后服务发展关系营销来提高顾客忠诚度，更是缩减渠道环节的营销战略。通过实施生产技术标准化，将产品打入国际市场。

（二）合作社深入农产品营销渠道的阻力

深入渠道的阻力主要来源于农产品本身以及中国农产品营销渠道体系的低效率。

首先，农产品的顾客数量大，市场分布广泛，且顾客经常购买，而合作社尚没有广泛而有效的分销网络，不可能与消费者一一进行正面交易。深入营销渠道就意味着要与更多细化的中间商和消费者打交道，这势必会对合作社的物流配送系统和分销网络的构建提出较高的要求，而多数农民专业合作社都尚未建立起专业的物流配送体系，更没有如分销商所掌握的那些广泛而成熟的分销网络，这给缩短渠道环节提出了巨大的挑战。

其次，农业生产的产供销渠道本身就呈现出不稳定的特征，且合作社与渠道成员之间的关系较松散。农业生产具有季节性，且农产品的保鲜、包装、仓储和运输等环节都相对滞后；再加上合作社对市场需求难以把握，且与渠道成员间的产销合作大多都时断时续。

再者，农民专业合作社都还处于发展阶段，发展历史普遍不长，在市场开拓、资本积累、客户关系维护、渠道建设等方面均有待进一步的提高。而且，我国的农产品流通现代化水平和管理水平及组织化程度较低，渠道环节本来就多而杂，渠道链条过长，渠道组织的功能也不健全，效率也较低。在这种大环境下，合作社如果选择常规的渠道模式，就很难缩短其农产品营销渠道的环节。

（三）农民专业合作社营销策略

1. 农民专业合作社可作为独立的营销主体参与市场竞争

涉及农产品生产的合作社不只是一个生产组织，它同时承担了营销中介的角色，它可以吸收企业经营管理的经验，成为一个独立的营销主体，能在农产品营销系统中建立起高度一致的管理体制，不会出现企业内部"部门分立，多头管理"的分散局面，这种一致性将赋予合作社整体调控、全面策划的运作优势，更利于其开展农产品营销。

2. 确立以市场为中心的现代农产品市场营销观念

以市场需求作为农产品生产经营的出发点和归属点。合作社的角色是多样的，作为生产经营者，在产前就应着手研究人们对农产品的现实需求和潜在需求，甚至努力创造新的需求；产中应围绕市场需求的变化对生产做出调整；产后通过对产品进行分级、包装、组合或加工，以更进一步地贴近消费者的需求。

3. 开展以提高农产品质量为核心的农产品质量营销

"质量营销是指个人和组织根据市场需求，以顾客满意为导向，创造、提供并出售满足客户需求的质量的一种社会和管理的过程。"农产品质量营销是质量营销在农产品领域的全新应用，合作社只有对农产品的质量与安全进行严格的控制和管理，注重提高产品的科技含量和安全系数，或对产品进行加工以增加其附加价值，营销工作才能开展得更加顺利。

4. 通过发展关系营销和电子商务贸易等方式来缩短营销渠道环节

由于农产品目标市场的基数大以及国内农产品营销渠道体系的低效率，合作社很难缩减常规的营销渠道环节，但通过关系营销培养顾客忠诚度可以使合作社少走很多弯路。再者，利用电子商务等现代化的交易手段也可以有效地节约销售成本，达到与缩短渠道环节同等的效果，同时可以借助网络平台对自身农产品进行宣传推广。时下流行的网络团购正是迎合了消费者的消费习惯，合作社可以借助团购网站的专业度和人气度为自身积攒财气、人气和名气。

5. 健全合作社的业务范围，促进农产品营销

《农民专业合作社法》规定合作社应提供的业务为生产资料的购买，技术和信息服务，农产品的加工、运输、贮藏和销售等，这7项业务均与农产品营销相关联；合作社如果能对各项业务都做到全面细致甚至出彩，就是为农产品营销打下过硬的基础。例如，对于运输能力受限的合作社，可多吸收一些有运输车辆的农户作为社员；对于加工能力受限的合作社，可以考虑邀请加工企业入股合作社实现共赢等。

6. 实施品牌战略

品牌的培育需要利用资源优势、创新经营理念和营销策略，必要时需要依靠"龙头"组织。而进行品牌培育不仅有助于培养顾客忠诚，获得高额溢价价值收益，抵御同行竞争者的攻击，还能够稳定产品价格，减少经营风险。同时，好的品牌可以约束合作社的市场行为，督促合作社着眼于消费者利益和社会利益，有利于合作社的长远发展。

四、"农超对接"营销模式

(一)"农超对接"模式的定义

"农超对接"模式是农户或者农户联合成立农民专业合作社与超市通过签订契约形成的产销直接对接合作的农产品流通方式。它实际上是一种农产品流通的生产者与终端零售商越过其他中介环节直接对接的扁平供应链模式。农户与合作社通过直接对接期望实现的是农产品稳定的销路、流通成本的节约、满意的销售价格、较大的销售规模、灵敏的市场需求信息等,超市通过直接对接期望实现的是具有良好合作信誉的供应商、优质的货源、流通成本的节约、相对较低的收购价格等。"农超对接"模式的出现、发展,既是农民组织化和农业规模化、产业化、现代化发展的契机,也是连锁超市供应链不断优化的一种必然,还可以为消费者带来更多的实惠,有利于较好地解决流通环节多、成本高、分配不合理等带来的障碍,也为流通模式、流通体制改革提供了一种有效的解决思路。

(二)"农超对接"模式的要素

以公认的"农超对接"的基本模式"农户 + 合作社 + 超市"为例,对接模式的要素与任何一种交易的发生一样,都必须有买卖双方、可供交换的商品、适合的交易条件等,所不同的是,买卖双方不是自然人,商品是批量的,交易条件更为复杂。具体而言,其要素包括:卖方,即农户、农民专业合作社;买方,即超市;交换商品,即各类农产品,特别是生鲜农产品;交易条件约定,即双方签订的契约与各项条款。

其中,农户、农业专业合作社作为卖方的条件是能够批量供应达标的一类或多类农产品,要具有一定的经营规模,才能满足超市的采购需要;超市作为买方要求卖方必须是批量的优质商品供应者,在农户组织化程度不高的情况下,超市在交易中谈判力更强;可供交易的农产品不仅在批量上要符合超市最低经济采购规模,而且需要在品类、品质、时令等方面达到要求;通过博弈,双方达成交易契约,约定相应的交易内容、双方权益及有关条款。农户在加入合作社中需要提供的是土地使用权、劳动力、部分资金等资源,获得的是地租、劳动报酬;合作社开展对接需要提供的是基础设施、资金、生产与水利技术、生产管理、营销管理、人力资源管理等资源,规模化产出组合农产品,获得农产品销售利益;超市在对接合作中需要提供的是销售卖场、物流管理与配送、供应链管理、农业生产指导、产品标准、产品质量管理、营销管理、市场信息共享等资源,获得产品最终销售收益。

（三）"农超对接"模式的特点

根据对接的特点与运行状态，"农超对接"模式主要具有以下特点。

1. 合作直接性："农超对接"双方不再经过流通领域的中间商直接实现商品交易，而是通过对接产销直接见面形成扁平供应链合作模式，这有利于降低交易成本、提高流通效率、畅通市场信息，实现理论上的双方利益最大化。

2. 动态选择性：对接双方合作期限具有不确定性，在合约期内开展合作，并不排除在合约期满后，双方根据市场需求变化和价格波动，选择新的合作伙伴。即使在合约期内，一方违约另一方也可以依据契约的违约条款，维护权益或者退出合作。

3. 资源整合性：对接双方一旦达成合作，即可在契约约定的框架下，整合仓储与物流资源、技术资源、部分人力资源、营销资源，共享部分市场消费需求变化的信息资源，形成联盟式的整合发展态势。

4. 整体协调性：对接双方在满足消费需求、降低交易成本、分担市场风险、应对气候变化、应对市场竞争、保持合作稳定等方面，依据契约规定，保持供应链各环节整体协调，消除不利因素，化解合作障碍，一定程度上努力实现共同发展目标。

5. 主体互动性：对接双方为了加快双方的磨合，促进合作的深化，优化供应链体系，共同提高合作的质量与水平，必然会主动地建立有效的协调机制，保持有效的沟通，特别是超市一方还会依托自身的综合实力优势对农户和农民专业合作社进行带有社会责任性质的扶持、帮助、指导。

（四）"农超对接"模式系统构成

"农超对接"模式系统主要由对接的市场主体、客体、运行与管理机制、外部影响因素与发展环境构成。市场主体即农户、合作社和超市，在没有成立农民专业合作社时，农户属于个体参与；在农户自愿合作成立专业合作社这种特殊的法人组织时，农户属于有组织的参与。市场客体即农户、合作社和超市对接后进行交易的农产品，它在农户个体参与时是小规模和较少品种的；在以合作社法人组织参与时是规模化和多品种的。对接的运行与管理机制由两部分构成，即通过合作契约保证对接运行的利益分配、成本控制、风险约束等市场调节机制以及实现供应链高效率的综合管理机制；两者既遵循市场机制的调节作用，又通过外部市场内部化作系统的统一协调与管理。外部影响因素即政府的调控，是指在"农超对接"模式发展中政府的引导、扶持、促进与规范产生的影响作用。外部发展环境是指系统运行的农产品市场标准化要求、城乡商业网点发展布局水平、商业设施的完善程度等。

第三节　有效信息对接

一、农产品供给有效信息需求

（一）农产品供给方的信息需求

农产品供给方是农产品市场中的市场主体，其中有直接从事农产品生产活动的生产商，包括农户、生产基地及加工企业等；有专门从事农产品流通的流通组织，包括批发商和零售商。他们对农产品市场的信息需求表现在以下方面：

1. 生产商的信息需求

生产商在其生产活动中所需要的信息包括三个方面：（1）与农业生产相关的信息，包括农村政策法规信息、国内外新闻、农产品购销信息、生产资料市场信息、农产品价格市场信息、农业气象、金融贷款信息、打工信息、新品种、种养新技术等；（2）与日常生活相关的信息，包括农村社会新鲜事、生活用品价格信息等；（3）与自身发展相关的信息，包括科学文化知识、休闲娱乐信息等。农户和生产、加工企业目前通过农产品专业协会等第三方机构可以获得一些农产品市场信息，因此，农产品生产商对第三方服务组织的服务方式、服务水平和服务效果等服务信息的需求也日益增长。

2. 流通组织的信息需求

批发商和零售商两大流通组织主要关注终端消费者的需求信息。

（1）批发商的信息需求：产品在市场上的需求量、销往区域、销路、物流方式、售价、交易量额、批发商的收益空间；农产品的具体信息，如产品名称、品牌、生产者、包装、数量、产地、规格等级、上市时间、生产时间、保质期、单价等；生产商的供应量、对批发商的批发价；政府、中介方及服务商对批发商的服务方式、服务水平及服务效果等服务信息。

（2）零售商的信息需求：消费者对农产品的偏好、期望价格、需求量、交易量额；农产品的产品信息，如产品名称、生产者、品牌、数量、规格等级、产地、包装、上市时间、生产时间、保质期、单价；生产商或批发商的供应量和给其的批发价、对消费者的零售价、批发商的生产价、零售商的收益空间；政府、中介方及服务商对零售商的服务方式、服务水平及服务效果等服务信息。

（二）农产品需求方的信息需求

农产品消费者指的是以农产品为最终消费品的个人或组织，包括通过市场来满足食物需求的所有居民（排除自给自足的农民本身）以及将农产品加工为食物直接提供给居民的集团消费者，如食堂、餐厅、企业团购等，两类消费者购买农产品的行为特点如下表 5-3 所示。居民需要了解农产品信息以提高生活质量，确保饮食安全，但个体的居民处于分散状态，难以亲自从市场上获取足够的真实信息。组织在保证为居民提供饮食服务效用和安全的基础上，有效控制成本，保证自己的经营利润，与此同时他们也同样无暇顾及信息的搜集与处理。因此，专业的农产品市场信息对接服务，将会增加居民的满意度和餐饮服务组织的经营绩效。

表 5-3　消费者购买农产品行为特点

	个体消费者	集团消费者
消费者购买农产品行为特点	零散、频繁、还价能力弱	大宗、大批量、还价能力强

资料来源：网络。

个体消费者购买农产品较为零散、频繁，议价能力弱，其期望了解的信息包括：产品信息，如产品名称、品牌、生产者提供者、包装、产地、数量、规格等级、上市时间、生产时间、保质期、探鲜期、单价计量单位；当天市场提供的农产品品种、规格、售价及可购买数量；期望购买到的农产品品种、规格、价格、数量；近两天农产品的价格走势、卖方和服务商对消费者的服务方式、服务态度、服务水平及服务效果等信息。

集团消费者大批量购买农产品，议价能力强，希望了解的信息包括：产品信息，如产品名称、品牌、生产者提供者、产地、包装、数量、规格等级、上市时间、生产时间、保质期、探鲜期、单价计量单位；当天市场提供的农产品品种、规格、售价及出售数量；农产品批量购买价格、优惠情况、配送方式、农产品质量安全、近期农产品价格涨落情况；卖方和服务商对消费者的服务方式、服务态度、服务水平及服务效果等信息。同时，集团消费者期望反馈其对于农产品的期望价格、近期需求量大的农产品及计划购买量，想买但买不到的农产品品种、价格、规格、数量等信息。

（三）政府部门的信息需求

政府在经济中扮演着重要的角色，尤其是在农业领域。一方面政府要加大力度解决"三农"问题，尤其是农民问题，除了采取一定的支农资金、政策优惠等政策手段，更重要的是要发挥促进农产品流通与销售的信息服务功能。分散的小农经济难以实现与大市场的对接，而政府在这方面具备信息收集和处理的优势，因此政府应该在农产品市场信息对接方面发挥重要作用。另一方面，政府要维持农产品交易市场秩序，掌握市场运行状态、交易行情等，有效地进行宏观调控。政府部门有信息对接的需求，也有相应的能力和动力。

政府期望获得一定时期内某种或某类农产品的价格及供需信息，以便对其价格变化、供需变化、市场行情进行统计分析，制定农产品标准、规范及农产品市场的指导政策及意见建议。另外，政府期望得到中介商和服务商对消费者，政府对消费者和各类服务组织的服务方式、服务态度、服务水平、服务效果等服务反馈信息以及消费者和各类终端市场对市场管理的政策建议等。

（四）服务组织的信息需求

农民合作经济组织为农民提供技术、信息和渠道，是农民与市场、农民与龙头企业之间的纽带，使农民有通畅的销路，商家有稳定的货源，为商家和农民架起一座双赢的金桥，同时也是政府和农民的纽带，协助政府贯彻落实农业与农村政策，把农民的意愿反馈给政府，为政府施政提供第一手材料。因此，农民合作经济组织对信息的需求主要有：农产品的品种、产量、质量、价格等产品信息，农民所需生产资料和生活资料的价格等相关信息，农产品在市场上的销路及需求量，新品种的养殖信息，政府制定的农产品的标准、规范等信息及对三农的指导扶持政策等服务信息。

而农产品专业协会作为行业性团体组织，需要及时了解和掌握行业发展动态、市场动向，熟悉市场变化，定期发布行业性信息，促进信息交流传播，指导协调行业发展。因此，行业协会对自己行业内的农产品信息及销路、市场动向、政府对该行业的指导和服务信息等尤为关注。

第三方服务组织对政府、中介商、服务商及消费者各大主体间的服务信息（服务方式、服务态度、服务水平及服务效果）的反馈尤为关注，以利于提高自己的服务质量。

二、创新农产品流通体系，促进生产与消费信息的有效对接

（一）以统筹城乡发展的思路推进农产品流通体系建设

要使农民生产的农产品卖得掉、价钱好，离不开完善的农产品流通体系。一是加快完善覆盖城乡的农产品流通网络。要根据农产品的流向、仓储设施、交通条件合理布局，逐步形成以全国性的批发市场为龙头的市场网络，把农产品批发市场、城市社区菜市场、乡镇集贸市场建设纳入土地利用总体规划和城乡建设规划，大幅度增加政府资金对农产品批发市场建设的投入。二是抓好非营利性市场建设，鼓励有条件的地方通过投资入股、产权置换、公建配套、回购回租等方式，建设一批非营利性农产品批发、零售市场。推动鲜活农产品及时上市、安全上市、均衡上市。三是扶持产地初加工设施建设。扶持产地农产品收集、加工、包装、贮存等配套设施建设，出台优惠政策，吸引社会资金兴建产区仓储设施。从生产环节保障农产品品质，减少损耗，这有利于农民择机出售农产品，增加收入。四是整合农产品批发交易市场和流通、加工、仓储、运输等资源。加快构建农副产品购销网络，对经营规模大、带动能力较强、市场前景较好的农产品批发市场，要以专业化、规模化、现代化为方向，实施改造升级和功能提升，改善经营条件。五是加快发展农产品加工流通龙头企业，构建高效顺畅的农产品市场购销网络。

（二）创新农产品流通方式

破解小农户与大市场之间的矛盾，稳定农产品产销关系。一是发展农产品电子商务等现代交易方式，扶持供销合作社、农民专业合作社等发展联通城乡市场的双向流通。二是提高农产品流通组织化程度。建立生产者与消费者有效衔接、灵活多样的农产品产销模式。大力发展订单农业，可以解决部分农产品的销路问题，还能鼓励推动优质农产品的种植，规避市场波动给农户带来的冲击。推荐生产者与批发市场、农贸市场、超市、宾馆饭店、学校和企业食堂等直接对接，支持生产基地、农民专业合作社在城市对接，支持生产基地、农民专业合作社在城市社区增加直供直销网点，设立与农户直接挂钩的社区直销点，形成稳定的农产品供求关系。三是"走出去"，开设农产品专卖店。鼓励农业专业合作社到外地外省设立农特产品专卖店，为农产品直接进城销售找到一条好路子，给了消费者更多的选择。四是开设农产品特色街，发挥规模效应。五是建设城市蔬菜直销体系，包括由公益性直销菜市场、社区蔬菜直销门店、周末车载蔬菜市场三部分共同组成的公益性蔬菜直销网络。目前，安徽各市公益性蔬菜市场建设已经全面启动，各个市按照每个市辖区规划1~2个公益性直销菜市场的规模进行建设。但不能搞运动，更不能成为一阵风，它是一个长

期的、系统的过程。它从无到有，从弱到强，离不开政府部门的牵线搭桥。有关部门需要提供长期的扶持和帮助，引导种植户、直销商、城市社区之间形成稳定的合作关系。

（三）降低农产品流通成本

尽可能少收、免收农产品流通领域中的各种行政性收费，免除蔬菜批发和零售环节增值税，开展农产品进项税额核定和扣除试点，清理和降低农产品批发市场、城市社区菜市场、乡镇集贸市场和超市的收费等政策，落实和完善鲜活农产品运输绿色通道政策。比如，南平对农贸市场摊位费抓紧成本核算，并开展市场摊位费、进场公示情况和商品明码标价执行情况的专项检查；漳州对进入"自产自销区"设置摊点的农户，每日除上缴少量卫生清扫费外，免收摊位费、水电等各项费用，从而大幅度减轻了农产品经营者负担。

（四）提高农民组织化程度

在农户与市场之间建立起运行高效的中介组织，为小规模生产走向大规模市场开辟一条快捷、方便的通道。提高农民组织化程度，必须坚持从实际出发，因地制宜、循序渐进、逐步健全、不断完善。努力建设一个适应不同地区生产力发展水平的多样化农业中介服务组织，向农民提供产前、产中、产后的全过程综合配套服务。国际经验表明，农民组织起来进入流通最有效的方式，就是建立多种形式的农民专业合作社，引导和促进农民专业合作社提升销售环节服务水平，逐步走向多元化、规范化、规模化。大力扶植乡镇流通企业，通过组建和扶持外联市场、内联千家万户，集信息、科研、加工、运销、服务于一体的乡镇流通龙头企业或企业集团，通过龙头带动，引导广大农民将产品销往国内外市场，发展规模经营，形成规模优势，实现最佳效益。可借鉴日本经验，推广合作社向城市社区居民直销模式，让农户、居民两头受益。

（五）加快实现农产品经营信息化，切实提高农民获取信息的能力

农产品经营信息化是农业现代化的重要内容。一是提高农产品市场信息引导有效性。要抓紧建立全国性、区域性农产品信息共享平台，可以通过广播电视网、互联网等多种渠道，发布城乡尤其是城市对农产品的准确需求信息，为农产品流通提供参考。加强农业统计调查和预测分析，尽快解决农产品市场信息服务水平低，信息引导不充分、不及时等问题，建立和健全农产品供应安全检测预警机制和应急体系，网络发布农产品信息，引导生产和消费。二是大力提高农民获取信息的能力。应采取重点培训与普及相结合的办法，迅速提高农民互联网利用能力。随着互联网的迅猛发展，了解、收集国内外市场信息更方便、快捷，费用较低，通过对农民进行信

息知识的培训，使农民懂得基本的获取信息、分析信息的方法，提高农民营销和搞活农产品流通的能力，实现农产品生产、加工、储藏、运输和市场销售等领域或环节的科学化和智能化。三是要降低信息化成本，提高应用实效。相对农村的收入水平而言，目前的信息产品和通信资费水平还是偏高，应通过技术和政策手段，努力降低信息技术使用成本，让广大农民能用得起、用得上、用得好。

（六）加强和改善农产品宏观调控

由于农业领域突发事件不断增多，农产品质量安全、农业自然灾害、农产品价格波动等因素加剧，需要加强和改善农产品流通的宏观调控。一是转变调控理念。现代农业调控的目标已由保障农产品供给扩展到提高土地产出率、劳动生产率、资源利用率以及增强农业综合生产能力、抗风险能力、国际竞争力，支持国民经济健康运行。二是创新调控手段。为适应调控理念、调控对象的变化，调控手段也需要创新。过去农业调控主要依靠行政手段，现在随着市场化、法制化的推进，必须更加注重使用经济、法律等手段。这就要求在制订农产品流通宏观调控方案时，深入研究调控对象和目标，因地制宜、综合施策，以取得良好的调控效果。三是完善调控制度。建立并完善农产品流通的调控制度，包括市场运行监测制度、重要农产品储备制度、农产品进出口调控制度；建立制度化、规范化的农产品储备基金、风险基金；打破农产品生产、加工、内销、外贸分割管理体制，建立统一的农业宏观管理体制，充分发挥金融手段在农产品流通宏观管理中的作用。四是推进农产品市场信息法治化建设，加快农产品市场信息发布与传播立法。政府应制定规定，凡是采集、加工、发布与传播农产品市场信息的主体，都必须符合一定的资质条件，并且必须按照科学的程序开展工作，发布农产品信息时必须提供信息采集样本的情况等。

（七）加大农产品流通技术研发力度

中央1号文件明确指出，实现农业稳定持续发展与长期确保农产品有效供给，根本出路在科技。科技创新是降低农产品流通成本的关键。一是创新农产品流通技术。农产品复杂的流通网络和农产品保质期短、易腐烂的特点，要求创新农产品流通技术，加大农产品流通研发力度，构建包括保鲜和储运技术、物流配送技术、电子化交易技术和信息技术等在内的农产品物流技术支撑体系，从而扩大农产品运销范围，实现从产品到商品的"惊险跳跃"。二是完善冷链物流系统。冷链物流可以有效降低农产品流通损耗，确保食品安全，同时可以避免农产品过于集中上市，减少农产品价格的大幅度波动。

第六章 农产品有效供给生态系统与其竞争力

第一节 农产品有效供给生态系统的演进与协同机制

一、农业可持续发展

（一）可持续发展

生存和发展始终是人类社会的两大主题。人们在解决了基本生存问题之后，所考虑的主要问题就是自身的延续和发展问题。可持续发展是一个涉及经济、文化、社会、技术及自然环境的综合概念，主要包括自然资源与生态环境的可持续发展、经济的可持续发展和社会的可持续发展。可持续发展的目标是人类社会总的发展目标，它以自然资源的可持续利用和生态环境质量的持续良好为基础，以经济的可持续发展为前提，以谋求社会的全面进步为目标。只要社会在每一个时间段内都能保持资源、经济、社会同环境的协调，那么，这个社会的发展就符合可持续发展的要求。人类最终目标是在供求平衡条件下的可持续发展，是经济、社会和生态问题三者互相影响的综合体，是"自然—经济—社会"复合系统持续、稳定、健康的发展（图6-1）。

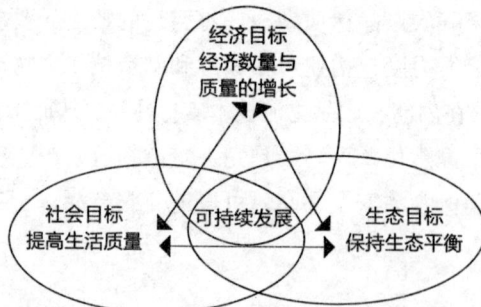

图6-1 可持续发展三大系统目标及其相互联系

1987 年发表的《我们共同的未来》中对"可持续发展"做出了经典的表述："可持续发展是在满足当代人需要的同时，不损害后代人满足其自身需要的发展。"可持续发展要求促进这样的理念：鼓励在生态可能的范围内的消费标准和所有人都可以合理地向往的标准。只有人口发展与生态系统中变化的生产潜力相协调，发展才可能是可持续的。

（二）农业可持续发展与农业生态系统

农业可持续发展首先是从农业生态的角度提出来的。传统的有机农业是一种自给自足的综合经济，靠农业内部的循环来维持平衡，其生产率低，与人类社会进步和发展的要求不相适应。19 世纪 40 年代，以美国为首的现代石油农业具有很高的劳动生产率和产量，但这种高速发展的巨大成功，在很大程度上满足了人口增长和食物营养提高的要求，同时也造成了能源过量消耗、安全性降低、环境污染压力加大等不良影响。

农业生态系统退化、食物生态农业是我国 20 世纪 80 年代初提出的一种既古老而又新颖的农业模式，基本的指导思想是提高光能的利用率及有持续的物质和能量转化，迅速地提高农业生态系统的生产力。它强调农业生产必须因地制宜，实行集约经营、商品生产和环境保护。农业生产是生物性生产，为了求得农业生态系统的健康稳定，根据生态系统的组分原理，就要求我们在农业生产上，做到农、林、牧、副、渔相结合，进行多种经营、全面规划、总体协调综合发展的整体农业，有效地利用土地、水面、阳光以及各种环境生物，建立各种模式的农业生产人工生态系统，使物流、能流速度快、效率高，达到系统内输出产品品种多、质量好、产量高，生产力持续发展。

人们在强调资源和环境的同时，也强调社会和经济的重要。实现以人为中心的人—社会—自然三位一体的全面发展，它要求人口、资源、环境、经济、社会协调发展。持续性是系统长时期内的动态变化，属于长期变化的范畴，而稳定性是系统一定时期内的瞬时波动变化而已。因此，农业生态系统的稳定性和持续性是高度统一的，如果赋予稳定性以动态的观点时，稳定性与持续性是统一的，稳定性的内涵、外延与可持续发展的内涵、外延也就统一起来，稳定性成为具有瞬间与长期、静态与动态、现代与后人等高度统一特征的概念，与可持续发展的思想相统一。从农业生态系统稳定性和农业可持续发展定义来看，稳定性的保持和农业的可持续发展无论从目的还是操作方法和意义上都是一致的。从农业的社会属性来看，人类需要的是农业走可持续发展之路；从农业生态系统本身的特性来看，人类需要建立一个具有相当生产力稳定持续的农业生态系统。根据农业生态系统的特性和我国各地区的实际，人们提出把资源与生态环境目标结合到农业的社会经济发展目标之中，消除现行农业中的不稳定因素，提高生产力，维护生态平衡，保护农业生态环境，增强农业生态系统结构的适应性、功能的稳定性，从而实现农业的可持续发展。

二、农业生态效益与经济效益辩证演化规律

生态效益是指通过向农业生态环境系统投入一定劳动，改变系统内部的物质循环和能量流动以及物质与能量积累的数量和效率，从而对生态环境和人类活动产生影响。经济效益是指社会再生产过程中投入与产出的比率。在农业生产过程中，生态效益与经济效益同时存在，并具有辩证统一规律。一方面，生态效益是经济效益的基础，经济效益是生态效益的保障。在一定的技术水平和管理条件下，生态效益可以促进经济效益，同时经济效益反作用于生态效益，实现二者的同步提高，表现出生态效益与经济效益的统一性。另一方面，生态效益与经济效益并不是始终协调同步发展得，二者的相对矛盾在当今社会表现明显。特别是伴随着经济社会的快速发展、人口数量的膨胀、城镇规模的扩张，资源被大量消耗，生态环境不断恶化，经济效益的获取以牺牲生态效益为代价，从而造成了经济效益发展的不可持续性。虽然生态效益与经济效益的相互背离经常发生，但在农业实践活动中，注重生态效益与经济效益的有机结合，充分运用耦合与协同规律和延迟反馈与速变反馈规律，就可以做到既保证农业经济效益的不断提高，又保证农业生态环境的不断改善，促进生态效益与经济效益同步发展。

三、农业生态系统与农业经济系统的协同机制

农业生态经济系统是由农业生态环境系统与农业经济系统耦合形成的环境社会系统，既包括自然系统的物质循环和能量流动，又受到人类经济社会活动的影响，体现出系统与系统之间以及系统内部的信息传递和价值流动。农业生态环境系统与农业经济系统的联系是在人类经济社会活动作用下，以高产优质的农产品为生产目标，包含了农业生物、农业环境、经济社会和科学技术等条件，由人口、资源、环境、物质、资金和技术等要素组成。

（一）要素逻辑

人口要素、资源要素、环境要素、资金要素和技术要素相互结合、相互影响，构成了农业生态环境系统与农业经济系统逻辑关系的有机整体，即农业生态经济系统。在自然再生产和经济社会再生产的过程中，要素层面的分析成为农业生态环境系统与农业经济系统逻辑关系研究的起点。

1.　人口要素

人口是在特定的时期、地域和经济社会条件下一定数量和质量的人的总体。人是自然环境的产物，经过长期的进化和发展成为自然界的重要组成部分，并从自然界中分化出来，居于经济社会的主体地位，人具有自然和社会的双重属性。无论是自然属性，还是社会属性，人都是生产者和消费者的统一。在农业生态环境系统与农业经济系统的联系中，人的主体地位能动地支配着资源、环境、物质、资金和技术等客体要素，而客体要素按照自然和社会规律反作用于人类，形成主体和客体的对立统一。一方面，人类活动给生态环境造成压力和破坏，或者是促进生态经济系统向更高级的稳定状态演化；另一方面，恶化或优化的生态环境必将以不同的方式反作用于人类，或是阻碍或是促进人类的生存与发展。在主体决定客体和客体反作用于主体的过程中，人的因素始终是整个生态经济系统的核心。因此，人口的数量和质量成为自然再生产与社会再生产以及二者相互适应、协调发展的基本条件，主体行为成为影响农业生态环境系统与农业经济系统联系的决定性要素。

2.　资源要素

资源是指与人类经济社会发展相联系的、有效用的各种客观要素的总称，按照内容可以划分为自然资源、经济资源和社会资源等。鉴于本研究对象，资源要素主要是指由土地、水和生物等组成的农业自然资源。就农业自然资源而言，各种自然资源相互联系、相互制约构成统一整体，具有分布与组合的区域性、更新与利用的循环性、数量的有限性和生产潜力的无限性等特征。特别是，在一定技术条件下，因自然资源的性质、种类和数量等条件差异以及人们利用资源能力的局限性，当今有些自然资源所出现的枯竭和恶化等问题就是一个有力的佐证。同时，随着科学技术的进步，人类不断促进资源的更新和循环利用，如提高光能利用率、发挥土地生产潜力、加快水资源的循环利用等。因此，人们在不断认识资源的重要性和珍惜资源的过程中，加大科学技术的研发、推广和应用，实现资源的合理开发、更新、循环和永续利用。

3.　环境要素

环境是指存在于中心事物周围的一切物质条件，并以作为主体的相关外在客体而存在。在农业生态经济系统中，由于处于主体地位的人具有自然和社会双重属性，与之相联系的外在客体存在也必然有自然环境和社会环境两个方面。自然环境因人类活动的参与而具有人工化了的自然环境特征，社会环境包括政治制度、经济制度、文化氛围、道德风尚等，自然环境和社会环境成为影响农业生态经济系统的基础因素。环境要素的基础地位与作用主要是通过人与环境的相互关系得以体现。一方面，人类通过能动地适应、控制、改造和利用环境，为人类发展服务；另一方面，环境要素以其特有的容量特征、结构特征和发展规律，影响和规范着人类的经济社会活动。

4. 资金要素

资金是市场经济条件下再生产过程中不断运动着的价值，包括货币形态的资金和物质形态的资金，具体表现为人们劳动创造的财富，是社会生产的物资条件和增加社会财富的重要手段。在农业生态经济系统的生产和流通过程中，资金具有启动功能和增值功能。包括生产工具和劳动对象在内的各种物资通过资金相互结合、相互作用，使农产品进入到正常的商品生产和流通过程。在农业生态经济系统的再生产过程中，资金规模及其经营规模不断扩大，往复运动、循环增值，对系统内生态环境与经济的发展具有重要意义。

5. 技术要素

技术要素是连接农业生态环境系统与农业经济系统的桥梁和纽带，通过对农业生态环境的人化和对农业经济的物化运动，形成农业生态环境—技术—农业经济的复合作用，构成农业生态经济系统。技术要素贯穿农业活动的全过程，并影响着农业生产方式的演变和发展。先进的技术或落后的技术在不同程度上促进或延缓农业生态经济系统的物质循环、能量流动、价值转移和信息交换。因此，技术要素在农业生态经济系统中的功能实现就是通过认识、掌握和运用自然运动规律和经济运行规律，有计划、有目的地调节和控制自然生态环境与农业经济发展的相互关系，促进农业生态环境与农业经济的和谐发展。

（二）结构逻辑

构成农业生态环境系统与农业经济系统逻辑关系的六种要素，按照属性不同可以分为生态系统要素、经济系统要素和技术要素三大类。鉴于人口要素具有自然属性和社会属性的双重特性，农业生态环境系统包含有人口、资源和环境三个要素，农业经济系统包含有人口、物资和资金三个要素，技术要素是连接农业生态环境系统和农业经济系统的中介。

1. 农业生态环境系统是农业经济系统的基础

农业经济活动以农业生物为对象，并以其自然生命运动过程为基础，按照生物有机体的生长规律开展生产活动。农业生物的繁衍成长离不开特定的生态环境，需要与环境不断地进行物质交换和能量交换。不同的生物体如植物、动物、微生物以及它们之间需要不间断地进行各种物质和能量交换，从而形成农业生态环境系统的运动过程。

农业生产的发端就是利用农业生物生命活动获取各种农产品，来满足人们的物质需求。在农业生产实践中，既要认识、掌握和利用自然规律从事农业生产，更重要的是还要充分认识到农业生态环境的基础地位以及农业经济与农业生态环境的关系，从而更好地实现经济效益、社会效益与生态效益的统一。

2. 农业经济系统是农业生态环境系统的主导

农业生产的根本目标就是通过人类活动对农业生物的作用，获取预期农业成果。人作为农业生态经济系统的主体，不但具有适应自然的能力，而且能够自觉地利用客观条件改造自然、影响环境，获得更多的农产品。伴随着人类的发展，农业由低级向高级不断演进，农业经济的内涵也不断丰富，外延不断扩张，对生态环境的主导作用也越来越大。因此，处于主导地位的农业经济系统作为改造自然和利用自然的产物，不仅承担着获取经济效益最大化的功能，而且对农业生态环境系统的平衡具有保护、维持和改善的功能。这就要求农业经济系统主导生态环境系统，并不断巩固和强化农业生态环境系统的基础作用，增强耐受能力，适应农业经济发展的需要。

3. 技术是连接农业生态环境系统与农业经济系统的中介

在由农业生态环境系统与农业经济系统耦合形成的农业生态经济系统中，通过技术手段，将农业生态环境系统中的物质和能量以农产品的形式输入到经济系统中。农产品在经济系统中经生产、交换、分配、消费等环节，转变为适用于人类经济社会发展所需要的能量和物资，后经技术手段再次转化为物理形式或化学形式的能量和物质，并输入生态环境系统，成为再次物质循环和能量流动的基础。因此，农业生态环境系统与农业经济系统的耦合必须通过技术系统这个中间环节来实现。但技术系统也必须通过生产活动才能体现出来，在物质流、能量流、价值流和信息流的循环中，促进农业生态环境系统与农业经济系统在结构上相互连接、相互影响，在功能上相互促进、相互制约，在效益上相互矛盾、相互统一，为人类调节经济活动与生态环境之间和谐发展提供重要条件。

第二节　有效供给与农产品竞争力的协同促进

一、有效供给前提下的农产品竞争力衡量

竞争力的问题不在于其定义，而在于其衡量和预测。理想而言，竞争力的衡量应满足三个原则：首先，它应该包括所有参与竞争的部门；其次，它应该包括所有开放竞争的市场；最后，它应该是基于能进行充分国际比较的数据基础上。实际上，没有一个可得指标能够完全满足以上三个条件。因此，实际上任何竞争力的衡量指标只不过是理想衡量的一个粗略近似。

所分析市场选择的不同，能导致竞争力衡量结果上的根本性差异。因此，任何特定的指标只能反映贸易绩效的特定方面，采用哪个指标应该依赖于所要回答的问题，认识到这一点很重要。一旦市场确定以后，就必须要确定所要竞争的国家，尽管原则上想要与世界上所有竞争对手进行比较，但是数据限制使得只有可能选定一部分竞争对手进行比较。总的来说，即使是在一个很好定义的概念框架里，竞争力的衡量仍然是在数据可得性以及不同标准和目标之间权衡的折中结果。

（一）营利性与市场份额指标

利润和市场份额是衡量竞争力的两大指标，其中，利润衡量指标包括增加值与销售额、雇员数、劳动成本等之比，这些具体指标数据具有可比性，能够比较彻底地反映一个产业的业绩水平，虽然在某种程度上是一种间接的衡量方法。就营利性而言，有多种不同定义，但其中绝大多数均区分了会计利润和经济利润。前者是销售收入和会计上的财务成本之间的差，后者则试图同时评估投入资源的机会成本。然而，实际上机会成本是很难量化的，因此经常不得不依赖于会计利润。在产业层面上，增加值可以作为这些会计利润的代理变量。

市场份额通常被定义为一个公司或产业的生产或销售额占所有市场产出或销售额的比例。市场份额可以定义为产品、企业、产业或国际层面的，一般为某个产品、企业、产业或国家销售额占整个产品、产业或国际销售额的比重。衡量市场份额的方法主要包括出口导向比、进口渗透比和净出口导向比，其中净出口导向比为主要指标，指一个产业进出口额之差占国内生产消费平均额的百分比。这一衡量指标的符号直观的表明一个产业是净出口还是净进口，而它的绝对值大小则反映了贸易的相对重要性。然而，市场份额衡量应该是在自由市场条件下使用，而农产品很

多时候享受政府的关税和其他保护，如果考虑到这一点，出口额可能远小于进口额，由此净出口导向比的变动完全是政府放松和收紧进口控制的效果。Larry Martin、Randall Westgren 和 Erna van Duren 利用以上指标评估并比较了美国和加拿大在 1980 年和 1987 年、1988 年家禽、水果、蔬菜、小麦产品、乳品和红肉的竞争力，结论表明美国农产品竞争力较强。

衡量市场份额的指标包括：相对出口优势指数（RXA）、相对进口渗透指数（RMP）和相对贸易优势指数（RTA）。相对出口优势指数（RXA）被定义为一国某种产品出口在世界市场份额与该国所有其他商品在世界出口中的份额之比。计算出的指数值如果大于 1，表明该国在该种产品上具有竞争力优势，而小于 1 则表明处于竞争力劣势。相对进口渗透指数（RMP）与相对出口优势指数非常类似，区别就在于计算公式中的出口改为进口。判断依据是指数值小于 1 为具有竞争优势。相对贸易优势指数（RTA）是 Scott 和 Vollrath 最先采用的，比 RXA 和 RMP 要复杂一些，因为它等于 RXA 减去 RMP。计算出来的指数值为正值表明具有竞争优势，而负值则表明处于竞争劣势。

（二）成本指标

农产品出口竞争力以组合成本的各个构成部分及其分布来衡量。相应的成本指标包括：企业层面的生产成本、国内营销和运输成本及其运往共同的出口目的地的运输成本。其中，生产成本又分解为包括种子、化肥、燃料等在内与生产直接相关的可变成本和包括土地成本、税收和资产折旧等在内的固定成本两部分。而国内营销和运输成本以企业出厂价和 FOB 价格之间的差价的月度平均值来估计。从启动地至共同的出口目的地的运输成本则以目的地的 CIF 价格和启动地的 FOB 价格之间的差价的月度平均值来表示。他们以这些指标估计和比较了美国、巴西和阿根廷的大豆国际竞争力，结论是阿根廷的大豆最具竞争力。

Klaus Frohberg、Monika Hartmann 将衡量竞争力潜力的方法归纳为会计方法和数学模拟模型方法，前者包括生产成本、毛利和国内资源成本。生产成本和毛利润经常用于企业之间的比较以提示哪个企业拥有竞争优势，毛利润用总收入减去可变投入成本计算得到。由于这种计算只能就一种单一商品进行，因此这类分析是在产品层面进行的。

然而，这种方法要求用于比较的数据质量相同或至少相似，因此，对于跨国比较来说，这是一个经常无法达到的高要求。原因主要在于各国之间对产出和可变投入的理解不相同。因此，如果要利用这些指标来衡量竞争力，就需要小心考虑它们的缺陷，而不要对结果做出过度解读。总体而言，这种方法的缺点有：一是没有考虑准固定要素如何处理；二是由于其数据来源所带来的结果的代表性问题；三是对国际比较而言，省略了物流和营销成本。

（三）综合竞争力指数

在宏观层面，广为接受的关于竞争力比较的研究是世界经济论坛（WEF）的全球竞争力报告（Global Competitiveness Report）和瑞士国际发展研究所（IMD）编撰的世界竞争力年鉴（World Competitiveness Yearbook），从整体上归纳竞争力的各个不同方面，他们均采用了指数编制方法，这也带来了以指数为基础的竞争力衡量方法的流行。

在借鉴这些指数基础上，Christian Fischer & Sebastian Schornberg 尝试综合已有的各种不同的研究方法，将竞争力定义为：营利性、效率/生产力和增长的函数。他们采用联合国人类发展指数计算方法，最终构建了一个单一的复合指数：产业竞争力指数（Industrial Competitiveness Index，ICI）。

虽然竞争力理论强调应该同时考虑需求和供给，来识别合适的竞争力指数，但对于产业部门的竞争力，已有研究并没有倾向于加总竞争力的多个维度，而是聚焦于这个多维复合体的一个或某几个方面。这表明，综合竞争力指数虽然有其优点，但在已有研究中仍然没有成为主流方法。

（四）显示性比较优势指数（RCA）

RCA 通过对一国农产品贸易业绩进行研究分析，判断其比较优势状况，属于事后评估，同时它也忽略了国际贸易壁垒对农产品比较优势产生的扭曲作用；但另一方面，它也具有明显的可操作优势，主要在于该指数测算时所选的对比国是世界，可以较容易得到完整的、口径统一的数据资料，具有很强的可比性。尽管 RCA 在数据可得性上得到研究者的肯定，但是 RCA 方法用于评估部门竞争力，在概念上和技术上仍有缺点。从概念上看，比较优势并不等同于竞争优势。比较优势指的是一种水平的比较，即同一经济体不同经济活动之间的比较，而竞争优势指的是一种垂直的比较，即不同经济体之间某一特定经济活动的比较。一个经济体的比较优势描绘的是不同经济行为按相互之间的机会成本所得到的一个地位排名。这样，对于具有比较优势的产业，国家应该专业化生产和出口这类产品。在一个两国和两种产品的世界里，两个国家通过各处生产专业化产品进行交换，获取各自的最大利益。但是，在一个有许多国家和许多产品的现实世界里，许多国家可能在某一产业或产品生产都是最好的（相对于其他产业产品而言），换句话说，他们可能拥有相似的比较优势。在对许多商品的实际需求固定的情况下，比较成本优势就不够了，在这种情况下，关键的是要将最好的产品以竞争性的价格交付给客户。从更加技术的层面来看，

RCA 指数显示在不同规模大小的国家之间不能直接比较，这是因为最大指数得分是以国家总出口衡量的国家规模大小的函数，因此，小国的最大指数得分能够比大国的大十几倍。

（五）效率和增长指标

经济学文献中最有影响的竞争力评估指标是实际汇率和劳动生产率，其中，劳动生产率属于效率指标。对于国家间的国际竞争力比较，全要素生产率（TFP）在决定国际竞争力方面是最恰当的生产力衡量指标。Sumner 采用生产力指数（如劳动和土地生产力）的增长考察了几种农产品的竞争地位。

Hao Liu 列出了其竞争力衡量的三大路径：营利性、市场份额和增长，而其相应的具体指标中则包括了效率和增长指标。在其分类中，作为效率指标的"每个人的增加值"被归入营利性衡量之中，其增长指标则为"沿时间路径的增长变动"。HaoLiu 认为，对运营于两个不同体系中的产业比较，效率分析是必要的。采用效率分析比较产业，可将原材料转换为市场化产品的效率，规模经济、资本利用、技术水平和存货控制都可用于分析不同效率水平的变量。

二、农产品供应链与其竞争力协同运作机制

在整个农产品供应链中，运作机制是各供应链中各参与方、要素以及环境之间相互作用与相互影响的表现形式。动力机制、整合机制、协调机制是农产品供应链协同有效运作的保障。

（一）动力机制

在农产品供应链中各参与方有效的协同运作的主要驱动力有市场驱动、利益驱动和创新驱动。

1. 市场驱动

以市场需求为导向为供应链的整个运作过程指明了方向。协同平台通过捕捉消费者的需求信息和消费习惯，及时获取需求状况，并根据需求状况合理安排生产计划，组织生产。同时，也可根据生产方的需求信息，合理进行农业技术开发、生产资料生产与供应、农业技术推广与服务等活动。同样也是根据物流需求，来有效整合物流企业，提供物流和配送服务，保障农产品的流通效率。

协同平台通过市场需求来对相关资源进行整合并指导农业研发、生产、物流等活动，使农业技术研发、农资生产、农业服务以及农产品产销过程等各个环节更具有针对性，有效节约了社会资源，避免浪费。

2. 利益驱动

保证并扩大各参与方自身利益是供应链中各参与方产生非线性协同效应的基础。由于各参与方的性质不同，其所追求的利益也不相同。对于农业技术研发方面而言，研发符合市场需求的实用技术是他们的主要关注点，通过协同平台密切联系农业生产实际需求针对性进行研发活动，能够为其创造更多的利益；而农资供应方关注更多的是如何生产和销售自己的农资产品，通过协同平台他们能够密切联系众多生产方，这有利于农资产品的生产和销售，使其获取更多的经济利益；生产方则考虑的是如何降低自己的生产成本以及如何销售农产品等问题，在协同平台的作用下生产方可以密切联系消费市场、农资供应方和农技研发方等，可保障农产品质量安全、成本降低、营销精准，实现其利益最大化；另外，第三方物流可从协同平台获取更多的业务量来提高自己收益；而对于政府来说，提供政策法律、税收等方面支持能够保障该供应链的有效运行，可实现社会效益最大化。

3. 创新驱动

农业供给侧改革中的核心要素是创新驱动，农产品的安全生产和供应需要从源头抓起，以创新驱动来提升产品供应链的整体竞争能力。在农业生产中，协同平台要与农业技术研发方、农业服务方和农资供应方紧密联系，根据农业生产实际需求，对农业作物良种加强创新力度，研发与种植过程和环境相适应的农业机械，提升农机核心零部件自主研发能力，创新农业生产中的应用技术。协同平台能够不断整合科技创新资源，将技术成果及时应用到农业生产之中，从根本上保障农业生产和运输过程中的安全有效。

（二）整合机制

能否有效整合供应链中各参与主体资源，是优化供应链结构、提高供应链运作效率的关键。整合机制是从客户需求出发，以协同平台为核心紧密联系供应链中各参与主体，实现对各参与主体资源的整合，以此来保障该供应链的有效运作。具体内容如下：

1. 市场需求和信息资源的整合

消费者是农产品市场需求的构成主体，由消费者所构成的消费者群会产生庞大的农产品需求和信息资源。协同平台通过与农产品消费者建立长期稳定的供需关系，有效地整合农产品的市场需求，解决农产品的销售难问题。另外，协同平台借助信息系统及时收集消费者需求状况，并对消费者需求信息进行长期存储，记录消费者的购买行为和习惯，通过对消费者信息进行分析和应用，可以指导农产品生产者合理安排生产。

2. 农产品供应资源与技术、服务资源的整合

生产方既是农产品的主要供应方，也是农资产品、技术和服务的最终需求方。协同平台通过与生产方签订长期的合作协议建立长期稳定的关系，可有效实现对生产方的整合，通过整合生产方可以形成一张多主体、多品种、可持续供应的农产品供应网络，提升了农产品的供应能力。与此同时，生产方需要相应的农资供应、农业技术与农业服务等，协同平台根据生产方所需的生产资料、农业技术、农业服务等信息进行收集和整合，形成了庞大的农资、技术和服务的需求网络，不仅能为农资供应方提供市场需求，同时也能将农业生产的实际需求反馈给农业技术研发方，使农业科研能与生产实际需求相对接。

3. 农业技术、农业服务和农资供应资源的整合

协同平台可实现农业技术、农业服务和农资供应资源的整合，确保农产品生产的标准和规范，从源头上保障农产品的生产安全。通过对农业技术研发机构和农资供应商进行筛选与合作，引进先进的农业技术和农资产品进行试验，经过实践消化吸收先进的农业技术，形成农业技术生产体系，并制定农业生产标准和规范，同时可按照所制定的农业技术生产体系向农业生产者提供可靠的技术和农资。另外，协同平台还可通过与相应农业服务方进行合作，为农产品生产方提供相应的农业服务（如耕地、收割等农业服务）。

4. 物流服务资源以及其他相关资源的整合

物流是农产品安全运输和配送的重要保障，协同平台通过与物流服务公司建立长期的合作伙伴关系，可以合理有效地组织和调度物流及配送服务，降低物流成本，确保农产品从生产方到最终消费者物流质量和效率。而在其他相关资源的整合方面，如政府政策资源方面，政府政策具有导向性，它可以影响整个供应链的运作，对政府政策信息的收集和整合，可以有效指导农产品的消费和生产、农业技术开发和应用、农业服务等。

（三）协调机制

供应链作为一个系统，其协调的目的是希望通过某种方法来组织或调控系统本身，使系统内各主体实现有效协同。该创新型供应链中，由于参与方都有自己的利益出发点，各自所关注的利益不同，所以他们在追求自身利益最大化时往往会与供应链系统的整体目标和利益相冲突。而协调机制的首要目的就是协调供应链中各参与方利益，在供应链中成员之间建立稳固的合作伙伴关系，通过合理分配收益使整个供应链的总收益大于各成员单独所获收益之和。

1. 稳固的合作关系

在供应链系统中各参与主体单单依靠自身的能力和资源很难创造出具有竞争力的创新方案，协同合作成为突破这一瓶颈的重要方式。这就需要各参与主体彼此之间进行有效互动和沟通，形成稳固的合作关系。而该创新型农产品供应链，通过协同平台打破了供应链中各参与方彼此之间的沟通壁垒，能够实现信息共享，增强各主体之间的互动，可与各参与主体之间建立稳固的合作关系，并产生非线性的协同效应，提升供应链价值创造能力。

2. 合理分配收益

协同平台与各参与主体之间能够建立良好的合作关系，这种关系是合作各方互惠的过程。通过协同合作所创造出的价值应进行合理的分配，这是保障稳固合作关系的基础。协同平台为各参与主体提供直接交流合作的空间，各参与主体在协同平台发生的交易，可以为协同平台带来相应的收益，同时各参与主体同样也能获得丰厚的收益。比如，消费者可通过协同平台购买到新鲜、安全、有机的农产品；农产品生产者借助协同平台能够获得先进的农业技术和服务来降低生产成本，同时能够有效对接市场提高销售收入；物流企业可以获得批量订单，实现规模经济等。

第三节　农产品竞争力与省域竞争力的协同促进

一、省域农业竞争力概述

农业竞争力是指在一定的市场经济环境下农业生产效率的优劣比较，具体表现在单位农产品生产效率、规模效率以及资源成本等方面，以保证农业持续稳定发展，获利能力不断增强。在农业竞争力分析过程中，整个农业产业是其主体。省域农业竞争力属于区域农业竞争力的范畴，其形成的理论基础是农业区位理论、资源禀赋理论等，农业竞争力的形成离不开优越的区位及丰富的农业生产要素。省域农业竞争力是多方面因素促成的：一是省域范围内农业主管部门的政策扶持差异及区域内主要优势农产品的生产，这是造成省域农业竞争力强弱的重要因素；二是省域之间农业生产结构差异及优势农产品产业占省域范围内农业产业的比重，优势农产品产业竞争力的强弱是影响省域农业竞争力的又一大重要因素；三是省域之间农业科技创新活的动活跃程度差异，农业科技创新是决定农业竞争力的最重要因素，省域之间农业科技实力的差异及创新活动的活跃程度将直接导致农业高新技术的推广及转化，进而影响省域农业竞争力。综上，省域农业的发展及竞争力的强弱是诸多因素共同作用决定的，实现各因素之间的有效整合，才能最大限度地发展区域农业。具体来说，省域农业竞争力的内涵可以概括为以下四个方面。

（一）农业综合生产能力

农业综合生产能力是以农业的可持续发展为前提的，农业的可持续发展以及农业增效都离不开其综合生产能力的提升。只有不断提升省域农业的综合生产能力，才能在国际农业竞争日益激烈的背景下立足，实现农村不断增强"农业增效、农民增收"的作用与功能。

（二）农业市场化程度（省域农业的市场竞争力）

现代农业是市场化的农业，面临国内市场与国际市场的双重竞争压力。省域农业的发展，一方面要面对国内相关产业的竞争，另一方面要立足经济全球化趋势的国际背景，积极融入世界农业市场。所以，省域农业的发展要充分利用两个市场、两种资源，促使我国省域农业向可持续方向发展。

（三）农业可持续发展能力

农业可持续发展依靠农业科技的支撑。农业长远发展的潜在力量是评判农业竞争力的一项重要指标，也是提高行业竞争力的重要源泉。省域农业可持续发展是建立在农业市场化、国际化背景下的，而且农业的可持续发展推动省域农业竞争力的提升，两者相辅相成。同时，农业的可持续发展还需要科技支撑，依靠科技投入与创新推动农业持续稳定的发展。

（四）农业长期增效能力

任何产业发展的目的都在于获利，进而推动产业的扩大再生产，农业生产也不例外。随着我国逐步进入工业反哺农业阶段，但是单纯的反哺不是农业持续发展的路径，必须实现农业自我积累、自助增长的独立产业发展模式，保证农业的长期增效显得特别重要。只有实现农业长期增效，才能达到"农民增收、农业发展、农村繁荣"的目的，为解决"三农"问题提供强有力的产业支撑。

二、农产品省域竞争力的协同促进机制

（一）资源禀赋和生态环境

提到自然资源并不陌生，凡是自然界生成的可供人类利用的物质和能力都可称之为自然资源。沿用联合国环境规划署关于资源的定义，资源是指在一定时间、地点条件下生产出经济价值并提高人类当前和未来福利的自然环境因素与条件。自然资源的范围是极其广泛的，根据其特性，可以把自然资源分成生物资源、生态环境

资源和矿物资源三类。自然资源是人类生存和发展的基础，有些自然资源可供人类消费，如饮水、木材、野生食物等，还有些是人们劳动的对象，利用自然资源，可以制造生产资料和生活资料。

在农业生产中，土地是最基本的劳动对象，水资源、气候资源和生物资源为农业生产提供了必要条件。例如，植物栽培的过程是利用太阳的光、热，自然界的水、气以及土壤有关的各种矿物质养分，将绿色植物加工合成为植物产品。动物饲养是指将植物产品作为基本饲料，利用动物的消化合成功能，把植物产品转化成动物性产品。可见，农业生产是一种利用自然资源再生产的过程。

自然资源是农业发展的基础支撑，也是农业竞争力与工业竞争力的典型差异。自然资源是农业生产中的必备要素，区域内自然资源禀赋，如土壤特性、气候特点、水源状况、农作物品种等，是国家和地区间农产品品种和质量的差异的源泉。换言之，区域间自然资源的禀赋，直接关系到农产品品种结构、数量和品质，使得不同区域形成不同优势农业，所以自然资源禀赋是决定区域内农业竞争力水平高低的重要因素。尽管科技进步以及新型种植、养殖和加工模式的不断涌现，使得农业生产依赖自然资源的程度有所降低，但从农业根本特性出发，自然资源禀赋状况在形成优势农业方面依然起着十分重要的作用。

农业生态环境是指影响人类生存和发展的农业水资源、土地资源、生物资源以及气候资源的数量与质量的总称，是关系社会和经济可持续发展的复合生态系统。良好的生态环境是农业可持续发展的基础，因为动植物生长离不开环境，在生态环境各要素的共同作用下，动植物才能正常生长。生态环境对农产品的数量和品质有直接影响。如果生态环境被破坏，动植物的数量会减少，品质会下降，有些稀有物种会消失，甚至威胁人类的生存。反过来说，注重保护生态环境的地区，对动植物的持续繁衍越有利，农业发展才能保证可持续性，区域农业竞争力越强。

近年来，随着生态环境保护意识的增强，政府提出农业发展要走"生态农业"之路。所谓生态农业，不仅强调生态建设，更重要的是强调人们在保护生态与发展经济齐头并进，实现生态和经济的可持续发展。以生态农业为目标的现代农业有利于农业的可持续发展。生态环境对区域农业竞争力有直接影响。

（二）生产装备和基础设施

马克思曾经指出："各种经济时代的区别，不在于生产什么，而在于怎样生产，用什么劳动资料生产。"用先进的生产工具代替人、畜力生产工具，这是人类深刻的技术革命。随着农业现代化进程的推进，那些方便、经济、实效、多用的微型机械和性能精密、作业高效智能化的环保机械在我国农业生产中发挥了举足轻重的作用，大幅提高了农业劳动生产率，降低了生产成本，提高了农产品的质量，增强了农业竞争力。从农业生产装备的发展历程看，生产装备越先进，劳动生产率越高，平均成本越低，产品越有竞争力。因此，生产装备建设对农业区域竞争力有着重要的影响，是一个不可忽视的重要因素。

（三）农村市场

农产品市场体系的构成环节较为复杂，是流通领域内各环节组织系统与构成形式的集合，是农产品生产供给与消费需求之间的节点，现代农业建设的重要着力点也包括农村市场体系，农村市场体系的建设和完善，对区域农业发展和农业竞争力有着重要影响。从流通渠道上看，农产品市场体系包括农产品批发市场、农贸市场和超市。

批发市场是指可以把分散在各产地的农产品汇集起来，在较短的时间内完成交易过程，再向销地分散和转移的组织。批发市场的这种集散功能使农产品交易次数减少、交易成本降低、效率提高，从而使农产品流通顺畅。在批发市场中，买卖双方通过按质论价，形成交易价格，批发市场能够比较真实地反映市场供求关系。批发市场还可以为交易者提供交易空间、停车场、装卸搬运、交易中介、加工、包装、储藏等项目。区域内建设批发市场，为当地农产品的流通提供了便利，有利于农产品走向国内和国际市场，从而提高农产品竞争力。

农产品经过批发市场后进入零售市场，零售市场是生产者和批发商了解消费者需求的窗口，在农产品流通渠道中具有重要作用。目前，零售市场主要有农贸市场和超市。在广大农村和小城镇，农贸市场大量存在。在大中城市，由于农贸市场的购物环境、卫生条件和商品质量等方面不能满足人们现代生活需要，农贸市场逐渐开始被超市取代。无论哪种市场，都需要市场基础设施和服务来支持。如果区域内农产品的交易场所、运输、仓储、电子结算系统、通信信息网络、产品质量安全检测系统等基础设施都健全，市场设施十分完备，就不会出现农产品"卖难"问题。比如很多农村地区农产品的质量很好，但是道路不通，交通不便，信息闭塞，造成当地农产品无人问津、没有销路，即使有销路，也运不出去。

农产品市场服务是指农产品市场组织除了为经销商提供市场服务外，还提供信息支持和培训支持等。全方位的农产品市场服务功能，有利于有条不紊地维持市场交易秩序，实施有效的市场监管，避免无效成本的产生，提高某区域范围内的相关农产品的市场竞争力。如果市场混乱，农产品交易就不顺畅，会损害农产品市场健康发展，影响区域农业竞争力。由此可见，农村市场体系的健全程度对区域农业的发展水平和农业竞争力水平均有重大影响。

（四）农业工业化与城镇化程度

发展农产品加工业能够加快小城镇的建设，大力推动城镇化建设。城镇化建设，农民非农化是增加农民收入的一条重要途径。中国不可能走西方国家资本原始积累时期的道路，将农业人口大规模转移到大中型城市，只能走农业人口向小城镇转移的道路，将农业劳动力向工业和第三产业转移，实现城市化、工业化。而小城镇的工业蓬勃发展可以充分依赖本地农产品资源，加速发展农产品加工业，形成农村城镇化进程中的强力产业支撑，充分发挥小城镇建设对乡村劳动力、资金、技术等生产要素的吸纳作用。农产品加工业是国民经济中的新兴、朝阳行业，根据统计资料显示：2000 年，以农产品作为原料的轻工业产值占总轻工业产值的 61.8%，农产品加工业的产值占国民经济产值的 28.3%；2009 年，中国食品加工业总产值 49678 亿元，相比 2005 年的 20473 亿元，增长了 143，年均增长率约为 25%。食品工业已经占据世界制造业中的第一位，随着人们生活水平的提高和生活观念的转变，对加工食品的市场需求将不断增大。借助城镇化进程的机遇，以食品加工业为催化剂，有利于提高农产品的附加值，增加农民收入，还可以增强农业的竞争力。

第七章 　农产品竞争力的提升

第一节　农产品竞争力的影响因素

一、农业产业化对农产品出口竞争力的影响机理

简单来讲，农业产业化指以某些农产品的生产为龙头，将产、供、销不同阶段的服务企业以合同或协议的形式连接起来，组成一个统一经营的综合体。农产品出口竞争力可以分为价格竞争力、质量竞争力和营销竞争力三个方面。这三个方面共同对一个国家或地区农产品的出口竞争力起着决定性的作用。而通过农业产业化经营，可以积极地影响这三个方面，从而提高农产品出口的竞争能力。

（一）农业产业化对农产品价格竞争力的影响

在商品竞争市场，特别是对农产品市场来说，关键在于价格竞争力的大小。在国际贸易中，如果一个国家或者地区以一个低于世界范围内的平均成本来生产一种产品，那么它的生产价格也就会相应地低于世界平均生产价格，这样在国际竞争中，它就会得到平均利润，得到了超额利润。由此可见，农产品的竞争其本质上是农产品成本的竞争。当然，这里所指的成本不是单一的，包括有生产成本、流通成本、交易成本、包装成本等。在我们的农业生产活动中，重要的生产要素有土地、资本、技术、劳动力等，而一个国家的农产品生产成本主要由这些生产要素所决定。

（二）农业产业化对农产品质量竞争力的影响

众所周知，农产品的生物特性由其遗传特性所决定，而农产品的生产质量则是由其生产技术和生产方法所决定的。农产品的质量主要归纳为两个方面：第一是食品卫生安全质量，即产品是否含有有害物质，是否有病虫害等；第二是指农产品本身的生物特性，如色泽、大小、口感和营养成分等。

随着经济水平的不断提升，人们的生活水平也相应提高。此时消费者对农产品的要求不再仅仅局限于价格，而对其质量也提出了很高的要求。当价格差异不大而质量优势明显时，其市场竞争力就越强。而随着市场上各种"高质量"的商品出现，面对纷繁多样的商品，消费者开始质疑这些所谓的"高质量"的实际效果，这也促使各个国家纷纷开始制定对农产品进口的卫生检验检疫标准。与此同时，各国为了保护本国农业的发展，往往会通过一系列的技术性贸易壁垒的设置来阻碍农产品的进口。因此，要想农产品在国际市场上有更大的竞争力就必须不断提高农产品的质量，增加农产品的技术含量，只有这样才能适应当今竞争激烈的贸易环境。为了平衡各方面的利益，需要对农业技术、科学、经济和管理活动进行统一协调，并通过一定的标准来规范农业产业化生产，从而为提高农产品的出口竞争力提供了一条重要途径。

（三）农业产业化对农产品营销竞争力的影响

要判断一种农产品是否具有国际竞争力，只有通过市场营销才能检验出来。而市场营销的作用还不仅限于此，一个好的市场营销能直接扩大农产品在国际市场上的份额。可以这样来说，一种农产品如果仅仅拥有好的质量和优势价格而缺乏市场营销，那么很有可能进入不了国际市场；而一种农产品即使没有明显的质量和价格优势而具有良好的市场营销，也会在国际市场竞争中获得显著的市场份额。

农产品的市场营销能力通常包括及时准确的供求信息、正确的销售策略、有效的促销手段、恰当的市场定位、先进的营销方式和良好的服务等。农业产业化经营将使农产品营销成本降低，营销效果更为显著，对农产品出口竞争力的提高效果更加明显。

二、农村基础设施对农产品出口竞争力的影响机理

农村基础设施是指为发展农村经济和保证农民生活所必需的公共设施及服务的总和。根据1994年世界银行发展报告中对基础设施的分类方法，农村基础设施从大类上也可以分为两类：一类是经济类基础设施，另一类是社会类基础设施。本文所指的农村基础设施限定在经济类基础设施范围之内。

农业发展的物质载体是农村基础设施，农村基础设施的完善能有效地促进农业的发展。长久以来，我国实行城乡分割的二元经济体制，城市基础设施得到了迅速的发展，但农村基础设施发展状况令人担忧，"十二五"规划中明确提出要大力发展农村基础设施。发展农村基础设施，可以降低农产品的生产成本、运输成本及销售成本等交易成本，可以降低农业的自然风险和社会风险，促进农业生产效率的提高，同时可以解决一部分剩余农村劳动力的就业问题，增加农民收入，带动资源优势转

化为经济效益，并且还可以加强农村的对外沟通和交流，加快城镇化发展进程。

（一）发展农村基础设施可以降低农产品成本

发达的农村基础设施可以降低农产品的生产成本、储存成本、运输成本及销售成本等交易成本，如便利的灌溉条件可以直接降低农产品的生产成本，发达的农村公路可以减少农产品的运输成本。

（二）发展农村基础设施可以降低农业风险

农业部门本身是一个兼具自然风险和社会风险的部门，受气候等自然条件的约束较大，发达的农村基础设施可以很好地降低农业受自然条件影响的程度。例如，完善的病虫害预防系统可以将病虫害带来的损失减到最小，先进的农产品金融信息系统可以降低农产品的市场风险，增强农产品的稳定性。同时，农村基础设施在人们抵抗自然灾害的过程中也发挥着重要作用，如完善的水利设施可以有效地减轻洪涝和旱灾，发达的公路网络可以使保鲜期较短的农产品得以快速分流。因此，发展农村基础设施可以降低农业风险、提高农产品出口竞争力。

（三）发展农村基础设施可以提高农业生产效率

改善农村基础设施条件可以带动农业生产朝着规模化、专业化及产业化方向发展，同时，发展农村基础设施还可以带动相关部门和产业的发展，促进社会分工。

三、农业技术水平对农产品出口竞争力的影响机理

农业技术水平高低依赖于"农业技术进步"，"农业技术进步"主要有狭义和广义两种理解。持有狭义观点的学者认为：所谓农业技术进步是指在农业生产过程中通过改善农业生产方式或方法，或者将与农业生产有关的农业生产技能、技巧提高并能成功应用于生产过程中，如适应性强、产量高等具有优质品质的农作物品种的培育及其推广，混合饲料、复合肥料的研制及其推广，施肥技术的推广应用，新的栽培方法在实际生产活动中的成功应用等硬技术的进步都归于此类。持有广义观点的学者认为：除了资金劳动等经济方面的生产要素以外，其他所有能推动农业生产发展，促使农业效率提高、农村生态环境改善的方法和手段以及在生产过程中得以应用的过程即为农业技术进步。具体来说，有管理水平、智力水平、技术革新、技术进化和决策水平等。综合两种说法，本文认为，农业技术进步是一个不断把新知识、新技术、新理念推广应用到农业生产实践中去的过程；是一个不断创新知识、改造、革新、开发新技术，培育新品种的过程；也是一个应用合理有效配置的资源，把新知识、新技术和原有生产要素转变成农产品的长期增值，不断提高农业生产、生态效益，不断完善农业生产体制的过程，而这些过程的共同目标是提高农业技术

发展水平，提升农产品出口竞争力。

20世纪以来，科学技术的发展以前所未有的速度和规模，极大地改变了世界面貌。在我国，科技的发展应用对国民经济和社会生活各方面的作用和影响也是巨大的，农业的发展也越来越依靠科技进步。

（一）科学技术是提高农业生产力的保证

农业科技进步能提高农业生产力，能明显创造经济效益和社会效益，能给农民带来切实的实惠。中华人民共和国成立以来，我国政府对农业生产方面的改进研究一直十分重视，也取得了不少骄人的研究成果，显著地改善了农产品的生产质量，这有力说明了科学技术能有效促进我国农产品出口竞争力的提高。

随着社会的发展，人类对工具的利用程度越来越高。在农业生产中，对工具的使用要求也是越来越高。由于先进的农业机械、排灌设施、交通工具、农产品加工设施等在农业生产中的广泛运用，使农业的机械化、电气化程度不断提高，从而可以成倍地提高农业劳动生产率。目前，在一个发达国家，一个农业劳动者能够耕种2000~3000亩耕地。

（二）科学技术是对抗自然灾害的有力武器

在农业发展过程中，自然条件对农业生产的影响是十分重大的。面对自然灾害，有时我们显得很无力，一是自然灾害一般属于突发性的，我们很难防范；二是我们缺少有效的武器去应对。而这种武器现在可以用科学技术来弥补，虽然不能完全消除，但可以使我们自身的损失减少到最低。例如，灌溉技术的快速发展，不仅改变了因农业生产灾害频繁而致使农业收成低效的被动局面，而且使得我们能有效地避免这种因气候条件所引起的丰收大幅度波动现象，从而也保证了人们的正常生活不受影响。还有地膜覆盖技术的应用能够增加光照的利用率，通过有效阻隔土壤和大气的交流，保存了因长波辐射所丧失的土壤热能，能有效地解决高寒区早春低温引起的病虫害、出苗慢等问题，而且也加快了农作物的生长发育过程，减少了生长周期，增强了农产品的出口竞争力。

（三）科学技术的应用为资源的综合利用开辟新的途径

随着农业生产水平的不断提高，农业科技也不断创新，同时，人们也加强了对跨领域的认识与研究。农业技术的创新可以拓展其发展空间，如生物能源的推广在一定程度上缓解了当今世界对化石能源的需求，也为人类寻找可持续利用资源开辟了新方向。农业科技研发能力对农业的生产效率、农业品种、农业生产规模等方面有直接影响，随着社会的发展，人类对农业的研究日益深入，对农业价值的挖掘也随之扩大，这不仅对当今推崇的可持续发展理念形成支持，也为农业发展创造了一个新局面。随着农业价值的挖掘，以前被当作废弃物或者被人们忽视的农业生产附属品，随着科学技术的进步将越来越多地用于农业再生产或再加工中，这一方面降低了农业生产成本，另一方面通过科技创新增加了农产品的科技含量，提高了农产品出口竞争力。

第二节　农业产业建设与农产品竞争力提升

一、农业产业建设是提高农产品国际竞争力的重要途径

提高农产品竞争力可以从价格竞争力、质量竞争力、信誉竞争力这三个方面着手，农业产业建设由于其特殊的形成机制，使得其对农产品竞争力的提高有着显著的推动作用。目前，农业产业建设对提高农产品竞争力的作用主要体现在农业产业集群上，具体作用如下。

（一）农业产业集群有利于价格竞争力的提高

农业是一个对自然资源依赖很强的产业，农作物由于生长的特性，包括地质、气候、水文等内在的自然条件，直接影响着农产品的类型、品质，使不同区域具有不同的特色农业，因此，资源禀赋是农业产业集群形成的物质基础。农业产业集群具有产业要素空间聚集性的特点，同时，规模经济是农业产业集群形成的市场决定力量，当大量集群主体集聚并达到一定规模时，整个集聚区域内的集群主体都能以最低的成本获得所需要的各种生产要素，节约空间交易成本，从而实现外部规模经济，形成集约化经营。例如，产业集聚可以吸引各方面的人才广泛参与，可以减少人才雇佣成本；产业的集聚使许多中间投入品可以从其他企业就近取得，从而节省运输、库存成本；集群内大量的个人关系及社会关系，使信息流动很快，可以节约信息成本；由于地理位置靠近，可以共同使用公共设施，减少政府部门对公共产品的重复投资。这为农产品价格竞争力的提高提供了强有力的保障。

另外，目前大多数农业产业集群已经形成了从育种到种植、仓储、包装、运输、加工、营销一套完整的产业链。随着产业链横向和纵向的延伸，相关产业和支持性产业形成一种既有竞争又有合作的合作竞争机制，通过农业产业集群体内的各个行为主体的合作，能够在农产品的研发、产品设计、市场营销、人力培训以及金融等方面，实现高效的网络化的互动，形成集体行动的互动机制，促进信息的流通更为顺畅，加快观念、知识和技术的扩散，因此，市场竞争是农业产业集群形成的内在

机制。通过这种内在机制，集群内企业可以在培训、金融、技术开发、产品设计、市场营销、出口、分配等方面，实现高效的网络化的互动和合作，以克服其内部规模经济的劣势，从而能够与比自己强大的竞争对手相抗衡。

这种集群集体行动的互动机制的形成，可以使信息的流通更为顺畅，加快观念、知识和技术的传播，缓和经济利益的冲突，减少交易过程的障碍，使整体的生产效率、产品质量都得以提高，资源配置得以优化，交易成本得以降低。实际上，这种既激烈竞争又相互合作的竞合机制所导致的垄断力、规模经济、内部竞争、相互学习和合作共存，正是农业产业集群竞争优势的核心来源，也是提高农产品价格竞争力的核心来源。

（二）农业产业集群有利于质量竞争力的提高

随着人们物质精神文化水平的不断提高，消费者对农产品的需求结构更加复杂。产业集群中的企业为满足市场需求的多样化，需要在产品设计、开发、包装、技术和管理等方面，不断进行创新和改进，并且农业产业集群为其中的企业提供了一种创新的氛围，客观上促进农产品的多种类、高性能和营养丰富，保障了质量竞争力的提高。农业产业集群的形成，为这种分工与合作模式提供了保障。通过农业产业集群体内的各个行为主体的合作，能够在农产品的研发、产品设计、市场营销、人力培训以及金融等方面，实现高效的网络化的互动，形成集体行动的互动机制，促进信息的流通更为顺畅，加快观念、知识和技术的扩散，减少交易过程中的障碍，从而提高集群和个体的市场竞争力。

为了维持农业产业集群的持续竞争优势，大多数企业开始重视并积极开发高级资源。成熟劳动力、高级技术和管理人员、科研人员的数量和质量都有所上升，政府开始大规模地建设研究开发机构、实验室和大学、人力资源培训系统等硬件基础设施，同时软件设施如生活环境、商业环境、政策法规环境等一系列产业配套设施条件也初见端倪。由于政府作用是农业产业集群形成的外在推力，这一形成机制为提高农产品的质量竞争力提供了物质保障。

（三）农业产业集群有利于信誉竞争力的提高

随着产业集群的成功，集群所依托的产业和产品不断走向世界，自然就形成了一种世界性的区位品牌。"区位品牌"即产业区位是品牌的象征，如法国的香水、意大利的时装、瑞士的手表等。单个企业要建立自己的品牌，需要庞大的资金投入，然而企业通过集群、集群内企业的整体力量，加大广告宣传的投入力度，利用群体效应，容易形成"区位品牌"，从而使每个企业都受益。"区位品牌"代表着一个地方农产品的主体和形象，对本地区的经济发展起着举足轻重的作用，并形成了该地域内某类农产品的美誉度、吸引度和忠诚度，如同企业品牌以及产品品牌一样，能够改变消费者对农产品消费的心理偏好，影响消费者的行为，使消费者倾向于消费该区域的产品而创造市场需求，从而使农产品的有形价值得以提高，表现在竞争力方面就是信誉竞争力的提高。

二、我国高效农业产业建设的目标及水平

（一）我国高效农业产业建设的基本目标

我国高效农业产业建设应以实现农业发展的经济效益、社会效益和生态效益三方面协调统一为目标，在以经济效益为中心进行高效农业建设的同时，还要特别突出生态效益，兼顾处理好农业发展中的社会效益。三者的关系可以概括为做好三个方面的可持续性：一是生产的可持续性，要保持农产品生产和供给的稳定，满足人们生活和社会发展对农产品的需求；二是经济的可持续性，要通过提升农产品的质量和附加值等，不断提高农民的收入水平，改善农民的生活质量，促进农业、农村的经济发展；三是生态的可持续性，要在发展高效农业的同时，注重对自然资源和环境的保护，提高自然资源的利用效率，增强农业抵御自然灾害的能力。

（二）我国高效农业产业建设的发展水平

1. 我国高效农业产业建设的评价指标体系构建

根据我国高效农业建设的目标，本文设置了农业劳动力、农业生产条件、农业生产手段以及农业产出能力四个要素作为一级系统，同时又在每个一级系统中分别选取了几个具有一定代表性的指标，一共是16个指数作为二级系统，以此为基础构建了一套理论指标体系。然后，结合我国的具体情况和现有的统计数据，建立了一个我国高效农业建设的评价指标体系（表7-1）。

表7-1　我国高效农业建设的评价指标体系

一级系统	农业生产手段	农业劳动力	农业产出能力	农业生产条件
二级系统	科技化水平、机械化水平、电气化水平、水利化水平、良种化水平、信息化水平	农业劳动力素质、非农业劳动者比重	农业劳动生产率、劳均农业产出、农业供养能力、农民收入	市场环境、资源环境、生态环境、农作物生长环境

资料来源：刘晓越《中国农业现代化进程研究与实证分析》。

2. 我国高效农业产业建设发展水平分析

利用我国高效农业产业建设评价指标体系，结合刘晓越等提出的农业综合评价方法，在分析相关数据的基础上，得出我国东、中、西部地区和全国 1998 年到 2001 年的高效农业建设测算结果。

从全国的数据来看，我国高效农业产业建设指数呈逐年上升的趋势，1998 年是 29.18%，1999 年是 29.99%，2000 年是 30.36%，2001 年上升为 31.37%，进程比较缓慢。如果以标准值确定的界限作为高效农业产业建设的门槛，那么我国当前的高效农业建设才进行到三分之一左右，指数最低的省份才进行了五分之一左右，我国高效农业建设依然任重道远。

三、农业产业链建设各个环节具体措施

（一）生产环节

农产品质量和产量的提升中，加大农业先进技术在农业发展中的作用，通过建立依托高校、农业研发中心、农业科技培训基地、新品种和良种繁育基地等方面的技术支持，促进农业生产先进适用技术的传播与普及。在农产品的生产环节，质量和产量决定的主观因素多在于中小农户，因此耕种技术的提高和农业知识的推广在这一环节至关重要。下游销售或者加工环节对农产品质量的有效反馈机制，能够帮助农户在生产环节更加注重质量和产量，提高农产品的竞争力。

农产品种植结构方面，在正确估量地区自然生态优势、作物优势、产业优势的条件下，协调农产品中不同作物的比例关系，协调同一作物中不同品种的比例关系。在保证质量的前提下，最大限度地满足人们日益多样化的生活生产需要。同时还要兼顾与加工、销售环节的有力结合，在生产过程中有效运用加工和销售环节的反馈信息，调整结构和播种量，注重产业链环节的相互衔接，减少不必要的资源浪费。

（二）加工环节

要根据我国的具体市场情况并同时参考国际惯例，制定符合实际情况的农产品加工质量标准，尽快完善农产品加工业的质量标准体系。要建立全过程的动植物检疫、农药（兽药）残留检测和环境质量监测。同时，在加工环节建立产品质量控制体系，防止违禁药品添加剂的使用。在质量控制方面将生产环节和加工环节相结合，把农产品加工质量标准和农产品生产质量标准联系起来，逐步建立明确产地、质量、标准的等级划分制度，确保农产品加工环节质量的全方位保证。

（三）储运环节

农产品的总需求可以通过储运环节的发展进行市场开发和渠道拓展。针对我国现阶段的农业产业链状况，国外农产品储藏、运输、物流配送等方面的经验都可以为我国所借鉴。首先，建设发达而完善的农产品物流基础设施。只有建立起像美国那样四通八达的交通系统，才能让每一个农业产业链的组成成员都直接享受到便利的交通，能够利用其降低自己的运输成本，提高经济效益。其次，健全农产品储运信息。在信息化时代里充分利用快捷高效的技术，如物流网配送、库存反馈系统等，通过有效信息处理减少储运环节的资源浪费，同时拓宽市场和渠道，增加农产品的需求。

（四）销售环节

销售价格方面，主要通过销售环节中的市场调节和政策调节相结合的方式来提高其竞争力。市场调节中，主要通过对农产品供给方面的控制来稳定农产品的价格，还要通过种植结构的合理调整、高新农业技术的保障，来实现农产品产量和质量的稳定性提升。在政策调节方面，国外值得借鉴的先进经验有：美国的贷款差额补贴、反周期补贴，欧盟的目标价格制度、干预价格制度和门槛价格制度等。结合我国具体情况，完善最低收购价、农资直补和良种补贴等价格调控工具，最大化政策效果。

针对农产品价格明显的周期性特点，根据我国农业的具体条件，制定有效的反周期补贴势在必行。现在的农产品价格支持政策都具有时效性，不能做到长期的保障，可以结合具体农产品的实际情况将农产品的政策支持法制化，能够有效地避免一些投机倒把的行为，对农产品价格的稳定具有重要意义。同时要统筹国内贸易和国外贸易的关系，制定必要的稳定机制来对抗国外具有明显优势企业的冲击，确保我国农产品价格的稳定。

最后，农业产业链的组织协作功能要想发挥其绝对优势，就必须保证产业链中生产、加工、储运和消费环节的顺利衔接，最大限度地提高协作效率。在新的技术经济条件下，现代企业竞争范围从单个企业竞争扩展到了产业价值链之间的竞争。所以，从增强农业产业链的整体竞争力入手，从而提高农产品的竞争力，具有重要指导意义。例如，在前后环节当中通过高效信息系统进行库存数量、供需数量、价格等信息传递，是各个环节利用有效信息进行资源的优化配置。

四、农业产业链发展策略

产业链的发展，在新知识经济条件下，知识的分工与合作是产业演化的中心问题，所以研究范式必须重新构造知识基础，这是新产业链理论的重要研究方向。同时，在新的技术经济条件下，竞争范围从单个企业竞争扩展到了产业价值链之间的竞争，竞争方式也更多地表现为创新竞争和速度竞争。因此，进行功能性（模块化）的分工方式，以顾客价值为导向是新产业链理论另一个发展方向。产业链的发展趋势中，纵向产业关联发展为网络状产业关联，有形产品的关联发展为知识关联。

农产品竞争力的各个因素，包括直接和间接的因素，都分散在农业产业链的每个环节当中，交叉影响互相联系。因此，农业产业链的新发展也必然会对农产品的竞争力产生重大影响，尤其在农业产业链的竞争已经占据农业市场竞争的主场的当下，提升农业产业链能力至关重要。

（一）以知识、技术为导向，提高农业产业链的竞争发展

同时通过媒介、基础农科所等渠道提升农民的农业知识水平，为农业发展创造知识与科技动力，为农业产业链的构建提供内力支持。通过建立依托高校、农业研发中心、农业科技培训基地、新品种和良种繁育基地等方面的技术支持，促进农业生产先进适用技术的传播与普及。在农业基础建设和农产品储运基础建设方面，运用大量的先进技术，统筹规划长远发展。市场信息对农产品市场风险的影响主要表现在信息不完全和信息不对称两个方面，不仅会影响生产决策，而且会导致交易收益风险，所以应该高度重视农业信息的作用。而我国目前农村仍然不具备农业信息化的物质基础和技术力量，同时农产品市场信息本身具有公共特性，所以就必须由政府承担起农业信息化的重任，建立相关制度保证农业产业链信息网络的建立，并不断提供技术指导和支持。

（二）提高农业产业链中储运功能性（模块化）的分工

农业产业链中将农产品的储运和物流配送功能集中在储运环节，这样既可以减轻生产农产品农户的成本，又可以形成规模经济，从技术和服务方面缩短产业链各个环节衔接时间。农产品储运环节的企业要在降低物流成本、提高物流服务方面下功夫。通过运用先进的物流技术武装自己，如集装箱化、立体仓库、自动化分拣技术等，引进先进的物流企业管理经验，从计划经济逐步转化到市场经济的运作理念上来。将单一的储、运功能转变为对农产品集货、储藏、分拣、运输等功能性的全方位服务。同时，在农产品的集中运输、仓储、配送过程中，能够快速地建立其相关信息数据库，方便为进行相关技术研究提供分析资源，让我国的农产品储运企业

向农产品物流中心的方向发展。

第三节　提升中国农产品竞争力的策略

农业不是天然的弱势产业，农民也不必然是弱势群体。农业和农民弱势地位的形成往往与特定的政治、经济、社会甚至文化因素有关。中国"三农"问题的形成原因复杂，其中计划经济的统购统销政策抑制了农业产业的积累是重要原因，农业生产与市场竞争特别是国际市场竞争长期被人为地割裂，这是另一个重要原因。

现代农业发展经验表明，农业甚至不必完全受制于自然条件的约束。农业现代化发展水平和农业生产组织方式对农业竞争力起着至关重要的作用。农业现代化水平、涉农企业的素质、农业生产要素市场环境、农产品市场环境、农业生产主体的组织方式、国际市场经营能力等因素都和一国农业竞争力有着密切关系。

一、提高农业生产物质装备水平，完善农业科教体系

农业竞争力快速提高的方法之一，就是要用现代化的机械来装备农业。美国在20世纪60年代后期就已经全面实现了农业机械化，其土地生产率和劳动生产率都极高，一个农业劳动力生产的粮食就可以养活90~100人，可见提高机械装备水平，对于农业竞争力的提高起着至关重要的作用。首先，要引进性能精密、方便、多用、作业高效的智能环保机械，这样不仅可以节约劳动力，大幅提高土地生产率，还可以扩大生产规模，便于农业规模化生产；其次，加快落实政府对农业生产装备的财政补助政策，鼓励农民购买农用机械，从而提高我国的农业机械化水平；最后，加大农用机械的推广，并让农业机械化水平较高的地区发挥示范作用，加大对农用机械研究与开发应用的力度，优化农机装备的结构配置，加快推进养殖业以及农作物生产的全程机械化。另外，还要积极发展农机维修和租赁等社会化服务，成立农机合作社等服务组织。

另外，任何现代化的机械都需要人为操作才能发挥其效力，因此建立完善的农业科教体系也刻不容缓。首先，应从提高劳动者素质抓起。在我国除农业高校外，尚未成立专门的农业教育机构，农业劳动者的素质普遍不高，再加上近年来农村青壮年劳动力大量外出务工，农业劳动者的整体素质正在不断下降。针对这一情况，我国应加强农村实用人才培训工程的建设，加大对农业实用型技术人才和高素质管理人才的培养力度。另外，可以经常在各地举办多种形式的短训班，让青壮年劳动

力接受更先进的农业相关知识。其次，可以优先在农业发展较快的地区设立农业技术研发中心，并逐步扩展到其他地区，形成以这些地区为主的现代农业产业技术体系。同时，没有条件建设科研中心的地区，可以在结合自身实际情况的基础上大胆引进技术。最后，农业科研体系一定要与市场相结合，有与之相配套的科研推广体系，才能发挥其在农业生产中的作用。所以各地区应加大农业科研成果的推广力度，努力建设和完善各类农业技术推广机构，提高优质产品品种和相应配套技术的普及率。另外，要加大国家和各级政府在农业技术推广事业上的投入力度，保证农业技术推广不会受到资金限制。

二、加大生态保护力度，促进农业可持续发展

我国中部地区和西部地区的农业生态与环境竞争力比较弱，特别是西部地区，生态环境受到了严重的破坏。农业生态系统是一个循环的系统，所以为了农业的可持续发展，应该建设生态环境友好型、资源节约型农业。首先，要继续实施退耕还林、还草的政策措施，加强水资源区、风沙区的生态环境建设与恢复，继续实施天然林保护，停止天然林的商业性采伐，积极推进以农业废弃物资源为主的农村清洁能源建设项目的综合利用，注重保护森林资源。其次，积极推广增施有机肥，不用或者少用化肥和农药，这样既避免了对生态环境的破坏，又实现了农产品的优质高效。另外，还要大力推广秸秆还田等措施，一方面增加土壤肥力，另一方面减少对环境的污染。最后，对江河湖泊进行综合治理，加大海洋生态环境的保护力度，严格控制捕捞强度，继续对水产养殖生态环境修复给予补助。

三、推动农业产业化经营

当前中国农业的产业化水平低，市场上我国的农产品大部分都未经过深加工处理，产品的附加值较低。对此，一方面，在我国现有农业产业发展模式（龙头企业、农业科技园区、都市农业、"公司+协会+农户"等）的带动下，指导各地制定科学的农业生产规划，引导农民对农业生产要素进行合理的配置、调整产业结构，大力发展优势农产品、推动农业产业化；另一方面，必须始终坚持家庭承包经营制度不动摇，保障农民土地承包经营权，消除小农户与大市场、农户与企业之间的矛盾。在家庭承包经营制度的基础上，本着自愿、有偿的原则，引导农民进行土地流转与集中，扩大农业生产经营规模，实现一体化的生产与销售管理。另外，还要不断加强农业社会化服务，提高农业社会化服务水平。

四、推动农村工业化进程

农产品加工程度较低、农民收入水平不高、农村经济发展落后是我国各地区普遍存在的问题。对农业进行综合利用和开发，逐步发展原料生产、原料加工和制成品销售一体化的经营方式，是当今世界各国发展农业的必经之路。应鼓励投资者或者有条件的农民联合起来在农村创建农产品加工企业，成立集农业生产、农产品加工及制成品的销售贸易于一体的"企业生产组合"。这类农工企业的发展不仅可以吸收容纳大量农村剩余劳动力，进而实现农业生产规模化、专业化，还能为农业的发展提供物质和劳务投入及市场需求，从而促进农村市场经济的快速发展。

五、鼓励和扶持农业出口

通过研究可以发现，我国出口农产品主要有蔬菜、水果和水产品，其总的出口额在全部农产品出口中所占比重接近50%，而我国农产品进口的增长速度明显地快于出口，且逆差规模越来越大。

全球经济一体化进程的加快，使得每个国家、行业都积极扩张国外市场，农业也不例外。首先，国家应制定一系列政策，鼓励农产品出口，并积极发展对外关系，努力消除世界各地对我国农产品出口的贸易壁垒，为农产品出口创造良好的环境；其次，提高我国农产品的竞争力，近年来，世界原粮的价格不断下降，将原粮转化成为高附加值的农产品后再出口，这样不仅可以增加出口产值，而且能增加就业；最后，对于进口食品，要建立极为严格的食品安全准入制度，并拓宽进口渠道，一方面保证我国食品安全，另一方面以严格食品检验限制进口。

六、有序推进农民工市民化

农民工市民化的过程，实质是公共服务均等化的过程。我们把农民工市民化的内涵界定为：以农民工整体融入城镇公共服务体系为核心，推动农民工"个人融入企业，子女融入学校，家庭融入社区，群体融入社会"，即实现"四个融入"。

一要建立各级政府公共服务成本的合理分担机制。对于已经具备条件的公共服务项目，如义务教育、就业培训、职业教育、计划生育等，应率先实现同等对待。与城镇户籍紧密挂钩的低保和保障性住房等，也要逐步覆盖符合条件的农民工。

二要切实维护好农民工的合法权益。农民工的市民权利不能以土地权利换，要维护进城落户农民土地承包权、宅基地使用权、集体收益分配权。不能把放弃承包地和宅基地作为农民进城落户的先决条件，更不能强制性要求农民退地。农民工现阶段落户城镇，是否放弃承包的耕地、草地、林地和宅基地，必须完全尊重农民个人的意愿，不得强制或变相强制收回。适应农民工进城落户和城镇化发展的需要，可以在依法、自愿、有偿的基础上，探索转让土地承包权、宅基地使用权、农房和集体资产股权的有效途径。

七、深入推进农村各项改革

（一）深化对农民和土地关系这个主线的认识

土地制度作为一项基础性制度安排，事关农民权益保护、新型工农城乡关系、构建和谐社会的大局。农村土地实行集体所有制，是历史形成的基本制度。从性质上说，集体所有权由集体成员共同享有，但财产不可实际分割为每一个成员所有，也不得将财产由成员个人予以转让。农村家庭承包责任制的推行，实现了集体土地所有权与使用权的分离。这一改革的成效最突出地表现在，通过赋予农民生产经营自主权，调动了农民的生产积极性。改革开放以来，国家不断强化对农民土地权利的保护，农用地产权制度安排发生了很大变化，农民土地承包经营权的权能已得到很大扩充。顺应农民保留土地承包权、流转土地经营权的意愿，把农民土地承包经营权分为承包权和经营权，实现承包权和经营权分置并行，有利于更好地坚持集体土地的所有权、保障农户的土地承包权、用活土地经营权，推进现代农业发展。落实集体所有权，稳定农户承包权，放活土地经营权，是深化农村土地制度改革的基本方向。落实集体所有权，就是要明确界定农民的集体成员权，明晰集体土地的产权归属，实现集体产权主体清晰。稳定农户承包权，就是要公平合理地将承包权分配给每个有资格的集体成员。放活土地经营权，就是要将土地经营权配置给有经营意愿和经营能力的主体，提高农业土地资源的配置效率，破解"谁来种地、地怎么种"的难题。

（二）当前深化农村改革的重点任务

当前，要重点抓好农村集体产权制度改革、构建新型农业经营体系、深化供销合作社综合改革、健全农业支持保护制度、推进户籍制度改革、健全城乡一体化的体制机制六项改革任务。

城乡发展一体化是解决"三农"问题的根本途径。近年来，国家采取了一系列强农惠农政策，在破除城乡二元体制方面采取了一系列重大措施，统筹城乡发展迈出重大步伐。但农村发展滞后、城乡发展差距过大的问题依然很突出。我国正处于加速破除城乡二元结构、形成城乡经济社会发展一体化新格局的关键时期。突破城乡二元结构，是农村改革的关键环节。必须抓住全面深化改革的历史机遇，把构建有利于城乡发展一体化的体制机制作为改革的重要领域和关键环节，坚持工业反哺农业、城市支持和多予少取放活的方针，加大强农、惠农、富农政策力度，彻底改变各种削弱农业基础地位、抽取农村资源、损害农民利益的不合理的做法和体制机制，促进城乡要素平等交换和公共资源均衡配置，加快形成以工促农、以城带乡、工农互惠、城乡一体的新型工农城乡关系，为广大农民平等参与现代化进程、共同分享现代化成果提供制度保障。

新阶段的改革，各地差异很大，改革需求不一致，推进改革的方式也要改变。要坚持统一政策，分类指导，全局稳妥推进，局部勇于突破。在改革过程中，中央负责把握改革方向、全局统筹。按照中央的统一部署，坚持试点先行，同时赋予地方充分的自主权，鼓励和允许不同地方差别化探索，避免因为全国政策"一刀切"带来的种种矛盾。对批准开展的改革试点，要积极推进、加强指导，及时总结可复制、可推广的成熟经验，转化为全面推开的政策，并推动相关法律法规的立、改、废、释。

参考文献

[1] 张峭，徐磊，赵俊晔，等著．中国出口欧盟农产品竞争力研究 [M]．北京：中国农业科学技术出版社，2009．

[2] 许越先主编．提高我国农产品竞争力思路与对策 [M]．北京：气象出版社，2003．

[3] 王娜玲著．基于现代营销理论的农产品竞争力研究 [M]．北京：光明日报出版社，2014．

[4] 张少杰．安徽省农业电子商务发展对策研究 [D]．安徽农业大学硕士学位论文，2016．

[5] 潘园园．安徽省农业电子商务发展及模式创新 [D]．安徽农业大学硕士学位论文，2012．

[6] 李红梅．安徽省农产品出口存在的问题及对策研究 [D]．安徽农业大学硕士学位论文，2012．

[7] 范莹莹．安徽省农产品品牌建设问题研究 [D]．安徽农业大学硕士学位论文，2011．

[8] 田甜．安徽省农产品国际竞争力及影响因素分析 [D]．安徽农业大学硕士学位论文，2013．

[9] 张慧玲．安徽省农业信息化发展研究 [D]．安徽农业大学硕士学位论文，2013．

[10] 张莉．安徽省农产品营销模式研究 [D]．安徽农业大学硕士学位论文，2013．

[11] 朱湖英．农业供给侧改革背景下的粮食质量安全研究 [D]．湘潭大学博士学位论文，2017．

[12] 贾世伟，李婉莹，李凯．农业供给侧改革背景下的文化精准扶贫内涵浅析 [J]．《资本论》研究，2017，00：119-124．

[13] 吕红娟．农业供给侧改革在地方如何发力 [N]．学习时报，2016-07-11004．

[14] 程国强．农业供给侧改革的问题与思路 [A]．中国棉花协会．新格局下的棉业发展之路——2016 中国棉业发展高峰论坛报告集 [C]．中国棉花协会，2016：9．

[15] 巫建海．安徽省农产品国际竞争力研究 [D]．安徽农业大学硕士学位论文，2009．

[16] 甘琼．安徽省农产品区域品牌建设现状与对策研究 [D]．海南大学硕士学位论文，2017．

[17] 李文．安徽省农产品国际竞争力分析及对策研究 [D]．安徽农业大学硕士学位论文，2007．

[18] 刘凯．生态脆弱型人地系统演变与可持续发展模式选择研究 [D]．山东师范大学博士学位论文，2017．

[19] 赵宏海．安徽省城镇化与农业现代化协调发展研究 [D]．安徽大学博士学位论文，2013．

[20] 陈锡文．中国农业供给侧改革研究 [M]．北京：清华大学硕士学位论文出版社，2017．

[21] 于莹. 互联网＋农业农业供给侧改革实践 [M]. 北京：电子工业出版社，2017.

[22] 李道亮. 互联网＋农业农业供给侧改革必由之路 [M]. 北京：电子工业出版社，2017.

[23] 胡培兆. 有效供给论 [M]. 北京：经济科学出版社，2004.

[24] 佚名. 农业 3.0 时代下农化巨头的全球战略格局 [J]. 农化市场十日讯，2014（24）：8-9.

[25] 胡华平. 农产品营销渠道演变与发展研究 [D]. 华中农业大学博士学位论文，2011.

[26] 江小客. 改革开放以来农村经济发展历程研究 [D]. 西北农林科技大学博士学位论文，2012.

[27] 刘崇龙. 生鲜农产品电子商务发展研究 [D]. 华中师范大学硕士学位论文，2015.

[28] 朱静宜. 湖南省农产品营销渠道管理研究 [D]. 湖南农业大学硕士学位论文，2015.

[29] 陆世文. 农产品电商孵化器的构建与运营研究 [D]. 浙江海洋大学硕士学位论文，2017.

[30] 郭保平. 农产品社会化电商运营模式研究 [D]. 浙江海洋大学硕士学位论文，2017.

[31] 何迪. "互联网＋" 在现代农业中的运用及发展研究 [D]. 吉林大学硕士学位论文，2017.

[32] 安康学院李丽. 互联网＋农产品的营销思路 [N]. 企业家日报，2016-09-02007.

[33] 通讯员见习记者刘志蔚. 优化农产品有效供给发展现代农业 [N]. 赣南日报，2016-10-21001.

[34] 魏敏. "互联网＋农业" 背景下的农产品电子商务发展研究 [D]. 沈阳农业大学硕士学位论文，2016.

[35] 黄熊坤. 生鲜农产品 "电商企业＋农户" 模式的博弈分析 [D]. 江西财经大学硕士学位论文，2017.

[36] 米合热古丽·阿布地热木. 新疆农产品营销渠道研究 [D]. 新疆大学硕士学位论文，2015.

[37] 冷雪. 安徽省农产品电子商务对策研究 [D]. 东华理工大学硕士学位论文，2014.

[38] 本报记者许霞. 安徽农村电商迈向 "2.0 时代" [N]. 国际商报，2017-02-09B03.

[39] 本报记者王建东，刘敬伟. 建设互联网农业小镇探索农业改革新路 [N]. 中国改革报，2017-03-09004.

[40] 杜岩. 我国农产品营销渠道优化研究 [D]. 山东农业大学博士学位论文，2009.

[41] 张可成. 我国农产品品牌建设：理论与实践 [D]. 山东农业大学博士学位论文，2009.

[42] 马俊明. 我国农产品营销渠道模式优化探析 [D]. 华中师范大学硕士学位论文，2014.

[43] 范莹莹. 安徽省农产品品牌建设问题研究 [D]. 安徽农业大学硕士学位论文，2011.

[44] 郑素利. 安徽省农产品流通体系建设研究 [D]. 安徽农业大学硕士学位论文，2007.

[45] 丁雄. 生态农业产业链系统协调与管理策略研究 [D]. 南昌大学博士学位论文，2014.

[46] 张传统. 农产品区域品牌发展研究 [D]. 中国农业大学博士学位论文，2015.

[47] 韩旭．"互联网+"农业组织模式及运行机制研究 [D]．中国农业大学博士学位论文，2017.

[48] 翟勇．中国生态农业理论与模式研究 [D]．西北农林科技大学博士学位论文，2006.

[49] 丁毓良．生态农业产业化模式及效益研究 [D]．大连理工大学硕士学位论文，2007.

[50] 徐静．我国生鲜农产品有效供给保障研究 [D]．江苏大学博士学位论文，2016.

[51] 本报记者曹亚杰．从供给侧提升农产品有效供给 [N]．团结报，2017-12-19006.

[52] 广西社科院农发所副所长、研究员袁珈玲．发展现代农业确保农产品有效供给 [N]．广西日报，2011-03-03010.

[53] 徐晓．安全农产品营销系统构建研究 [D]．山东财经大学硕士学位论文，2013.

[54] 孙颖．农超对接模式下城郊农民专业合作社农产品营销研究 [D]．吉林大学硕士学位论文，2013.

[55] 董树亭主编．保障粮食安全和重要农产品有效供给2013年山东省农业专家顾问团论文选编之二 [M]．济南：山东科学技术出版社，2014.

[56] 强始学著．基于我国粮食安全和主要农产品有效供给的农业"走出去"战略研究 [M]．新疆生产建设兵团出版社，2015.

[57] 汪鹏．基于供给侧改革视角下我国农业产业去产能过剩的对策研究 [D]．西南石油大学硕士学位论文，2016.

[58] 郑欣．安徽省农产品网络营销研究 [D]．安徽农业大学硕士学位论文，2016.

[59] 缪长城．安徽省农产品出口竞争力研究 [D]．安徽农业大学硕士学位论文，2016.

[60] 豆志杰．农业生态安全与农产品质量安全耦合系统协同发展研究 [D]．吉林农业大学博士学位论文，2013.

[61] 于振伟．基于产品特性的农产品营销问题研究 [D]．东北林业大学博士学位论文，2011.

[62] 张贵华．发展农产品连锁经营的研究 [D]．湖南农业大学博士学位论文，2013.

[63] 曹玲．我国农产品营销政府扶持政策研究 [D]．武汉科技大学硕士学位论文，2012.

[64] 李海丽．农产品质量提升与品牌建设研究 [D]．山东农业大学硕士学位论文，2012.

[65] 尹岳伟．制约我国生态农业发展的因素分析及对策建议 [D]．东北农业大学硕士学位论文，2012.

[66] 姚晓红．山东省农产品品牌竞争力评价研究 [D]．山东财经大学硕士学位论文，2012.

[67] 赵博勇．生态农业及其发展模式研究 [D]．西北大学硕士学位论文，2009.

[68] 冯巧慧．互联网+背景下我国农产品营销模式创新研究 [D]．北京印刷学院，2017.

[69] 周文华．"互联网+农产品营销"体系的探究 [D]．河南师范大学硕士学位论文，2016.

[70] 陈锋正．河南省农业生态环境与农业经济耦合系统协同发展研究 [D]．新疆农业大学博士学位论文，2016.

[71] 何梦嘉. 河南省"互联网＋农业"发展战略研究 [D]. 河南农业大学硕士学位论文，2016.

[72] 郑欣. 安徽省农产品网络营销研究 [D]. 安徽农业大学硕士学位论文，2016.

[73] 费阳阳. 安徽省农产品电子商务发展研究 [D]. 安徽农业大学硕士学位论文，2016.

[74] 缪长城. 安徽省农产品出口竞争力研究 [D]. 安徽农业大学硕士学位论文，2016.

[75] 方秀丽. 农产品流通服务供应链集成及其对流通绩效的影响 [D]. 安徽财经大学硕士学位论文，2016.